全面质量管理视角下
高校教学管理的问题与对策研究

丁昭　著

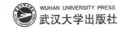

WUHAN UNIVERSITY PRESS
武汉大学出版社

图书在版编目（CIP）数据

全面质量管理视角下高校教学管理的问题与对策研究／丁昭著．
武汉：武汉大学出版社，2025.6. -- ISBN 978-7-307-24722-2

Ⅰ. G647.3

中国国家版本馆 CIP 数据核字第 2024YJ7325 号

责任编辑:周媛媛　　　责任校对:汪欣怡　　　整体设计:韩闻锦

出版发行:**武汉大学出版社**　（430072　武昌　珞珈山）

（电子邮箱：cbs22@ whu.edu.cn　网址：www.wdp.com.cn）

印刷:湖北云景数字印刷有限公司

开本:720×1000　1/16　印张:13.25　字数:212 千字

版次:2025 年 6 月第 1 版　　2025 年 6 月第 1 次印刷

ISBN 978-7-307-24722-2　　定价:78.00 元

前　言

全面质量管理是基于客户导向及全体员工共同参与的一种质量管理策略。当今社会，对社会组织的运营和治理来说，全面质量管理的核心理念便是通过不断优化业务流程、产品和服务来达到或超过消费者预期。在全面质量管理过程中，公司必须紧密跟踪客户需求的发展趋势，以此作为依据调整产品和服务，同时激励所有员工一起参与质量评估与治理，从而增强员工在质量管控中的积极性与主动性。因此，全面质量管理最基本的要求在于通过全员参与、过程导向及持续改进的理念落实相应的管理工作，旨在提升整体的管理效率。高校作为社会环境中相对独立的社会组织，其需要依靠全面、高效的内部教学管理框架来开展相应的教学实践活动，满足社会上各个行业的需求。将全面质量管理的理念应用到高校的教学管理过程中，能够基于全面质量管理的视角修正高校的教学管理模式，优化高校内部的教学管理模式，提升高校的教学管理水平。

本书从全面质量管理视角出发探讨高校教学管理的问题与对策。首先对全面质量管理进行概述，包括其概念、基础工作及在高校教学管理中的应用。接着对高校的教学管理进行概述，包括其原则、目标及管理方法。随后从全面质量管理视角出发解读高校的教学管理工作，包括其可行性、核心理念与基础途径。在此基础上，通过资料收集与调查实践对当前高校教学管理工作的发展现状进行调查，包括教师管理、学生管理和课程管理等方面，构建全面质量管理视角下高校教学管理工作评价体系，在此基础上剖析全面质量管理视角下高校教学管理工作中存在的问题，并对问题成因进行深度反思。最后探讨全面质量管理下的高校教学管理对策，包括计划阶段、执行阶段、考核阶段和评价阶段等方面的举措，并提出全面质量管理下的高校教学管理的保障措施，包括资源保障、人员保障和体系保障等。总的来看，将全面质量管理理念应用到高校的教学管理实践中，能够让高校的教学管理工作有更加明确的参考方向，同时也能够发现当前高校教学管理中的薄弱环节，从而在教学实践中完善教学管理各环节，强化教学管理中的保障措施，确保高校教学管理工作的持久稳定发展。

目　　录

第一章 绪 论

一、研究背景

高等院校作为培养高级专业人才的摇篮，其核心职责是通过教学来为社会供应专业人才，因此教学工作在高等院校中占据中心地位，而教学管理是对教学工作过程进行全面掌控的关键，深刻影响学校的教学秩序和教学质量。其中，教学管理涉及教师、学生、教学媒介等多个基本要素，以及各要素之间的相互关系。高校教学管理的目标是协调和优化这些要素，以确保教学目标的顺利实现。教学管理就是对学校整体教学流程的组织、协调和监控。随着高等教育的日益普及和竞争的逐渐加剧，教学管理作为高校工作的核心环节，其重要性愈发显现。教学管理不仅关乎教学质量的保障与提升，更直接关系到人才培养的效果和高校声誉的建设。近年来，我国高等教育机构逐步建立起一套与我国国情相契合的、相对完善的教学管理体系，并积累了丰富的教学管理实践经验。从科学管理的视角来看，高校目前的教学管理许多方面仍依赖于传统的经验管理，其管理水平有待提升。自 1999 年我国高校开始扩大招生规模后，传统教学管理制度中存在的问题逐渐显现，严重阻碍了教学质量的提升。这些问题亟待寻找有效的解决策略。教学质量作为高校教学管理的核心，已成为国内外高等教育研究的重点议题。

目前，"在管理过程中提升质量"已成为社会各大高校的共识，各高校均认识到管理对于提升教学质量的重要性。那么，如何通过教学管理改革来提升教学质量？如何实现"向管理要质量"的目标？全面质量管理理念为教学管理发展指明了方向。全面质量管理(Total Quality Management，TQM)作为一个源自 20 世纪60 年代的质量管理理念，该理念中有着新的质量管理方法，超越了传统的质量控制框架，把质量管理的范围扩大至管理全流程，包括产品设计、研究开发、预备工作、原料购买、生产过程、销售服务等各阶段。随着时代的发展，这一创新性的质量管理思想已经在商业环境里被普遍接受并实施，也逐步吸引了高等教育管理者的注意。很多国家和地区的教育机构已经开始采用全面质量管理思想来指导学校的运营管理工作，将它视为提高高校教学水平和保证高校高效运作的关键工具。联合国教科文组织的《学会生存》报告显示，许多新型的企业管理流程也适用于教育行业，不但可以对全国的教育体系进行监控，而且也能用作单一教育单位的自我管理工具。鉴于此，将全面质量管理理念和方法引入我国的高校教学管理实践，无疑是一个值得深入探索的课题。随着我国高等教育逐渐步入大众化阶段，外部环境的诸多因素对高校教学管理的影响日益显著。为确保高校教学管理实践能够紧跟时代发展步伐，高校必须高度关注外部变化。因此，传统的高校教学管理理念与模式亟须革新，取而代之的应是一种更先进、更有效的管理模式——教学全面质量管理。创新是推动发展的核心动力，缺乏创新则意味着缺乏生命力。现代社会的快速发展与高等教育的不断进步，都呼唤着教学管理理念的创新与变革。

高校教学管理在全面质量管理的视角下仍面临诸多问题。

首先，从教学管理理念来看，部分高校尚未形成全面质量管理的意识。传统的教学管理往往侧重于教学计划的执行和教学资源的分配，而对于教学质量的提升和学生的需求关注不足。这种管理理念下的教学管理往往缺乏系统性和整体性，难以形成有效的质量保障机制。

其次，从教学管理过程来看，高校在全面质量管理方面的实践尚显不足。全面质量管理强调过程管理，要求严格控制教学各个环节，确保教学质量。在实际操作中，部分高校的教学管理过程往往存在监控不足、反馈机制不健全等问题，导致教学质量难以得到有效保障。

最后，从教学资源管理来看，高校在全面质量管理方面的投入有待加强。全员参与和持续改进是实现全面质量管理的必要条件，而这离不开充足的教学资源与优良的教学环境。受经费、制度等因素的限制，部分高校在教学资源投入方面存在不足，难以支撑全面质量管理的实施。

此外，高校教学管理在全面质量管理的视角下还面临一些特殊问题。随着高等教育国际化的推进，高校需要培养学生的国际视野和跨文化交际能力。然而，当前部分高校的教学管理在国际化方面仍有待加强，如课程设置的国际化程度不够、师资力量的国际化水平不高等。

综上所述，本书旨在全面分析全面质量管理视角下高校教学管理的问题与挑战，探索有效的对策，以期为我国高校教学管理的改革与发展提供有益的参考与借鉴。

二、研究综述

国内外学者在全面质量管理及高校教学管理方面形成了多元化的研究成果。具体来说，国内外学者的研究主要涉及以下几个方面。

(一) 关于全面质量管理的研究

1. 全面质量管理理念的提出

全球著名的质量管理大师朱兰教授指出："20 世纪以'生产力的世纪'载入史册，未来的 21 世纪将是'质量的世纪'。"[1]品质对企业的存续与发展具有关键性影响。品质已成为全球共通的话题，无论是在发达国家还是在发展中国家，大家都强调必须重视产品品质与服务水平，并积极探索提升产品品质、改善服务的各种方法，以便满足客户的需求与期待。

1961 年，美国通用电气公司总裁费根堡姆在《全面质量管理》这一著作中提出"全面质量管理"概念。这一概念最初在日本企业广泛传播，随后在美国及其他一些国家的高等院校得到推广。相关资料显示，仅一两年的时间，美国的许多高等院校已开始实施全面质量管理，包括哈佛大学、哥伦比亚大学、俄勒冈大学等研究型大学。实践结果证明全面质量管理对高等教育质量的持续改善具有积极影响，已成为确保高等教育质量的有效手段。目前，相关研究者对于全面质量管理的概念尚未形成统一认识。国际标准化组织将全面质量管理定义为"一个组织以质量为中心，全员参与，以使客户满意和造福组织成员及社会为目标的管理方式"。[2] 学者刘易斯则认为全面质量管理是一种哲学体系，建立在此基础上的管理体系能够直接有效地实现组织目标，使得客户满意度和投资者利益最大化。有学者指出，全面质量管理是指不断改进各种工具和技术，培训指导决策和规划行

---

① 唐晓芬. 提升质量是强国必由之路[J]. 中国质量万里行，2011(10)：22-23.

② 孟雅静. 管理体系解读之：ISO 9000 族标准及其体系建立[J]. 上海标准化，2002(11)：21-25.

动的过程，使高等院校在各个领域逐渐接近最优目标。虽然专家学者们对全面质量管理有不同的理解和看法，但就其作为一种完整的理论框架被广泛接受这一点已经达成一致。

2. 全面质量管理的发展

全球普遍接受的全面质量管理经历了四个发展阶段：初始阶段是产品的检测阶段，主要针对每个单独的产品来确定其是否达到标准。第二阶段为统计检验阶段，随着机械化和大规模生产的兴起，采用统计抽样的方式对产品进行检查已成为必然要求。第三阶段是全面质量管理时期，该阶段主要通过激发公司各层级及所有成员的热情与活力，在确保客户完全满足的前提下，用最低成本提升公司的运营水平。第四阶段则是现今的现代质量管理阶段，该阶段质量管理主要是基于ISO 9000 质控系统，并结合现代化质控观念和技巧进一步完善，推动企业运营朝着优秀的业绩管理方向前进。

自新中国成立至 20 世纪 70 年代末，我国的质量管理基本上是处于产品检测阶段。直到 20 世纪 80 年代初，我国技术抽样检查标准制定和贯彻后，才逐步跨入统计检验阶段。1980 年，原国家经济委员会颁布《工业企业全面质量管理暂行办法》，全面质量管理在全国被普遍推广。虽然我国对质量管理的研究起步较晚，但也有很多学者对一些具体的质量管理模式进行了深入研究，并取得了一定的成果。

ISO(International Organization for Standardization)在同类型组织中，最具权威与实力。该组织统合多位质量管理专家的主要观点，推出了 ISO 9000 系列标准，为公司提供了建立质量管理系统的基本思路和架构。张帅帅归纳了 ISO 9000 标准认证在体系建构和具体实施中的不足，认为企业在落实标准时要强化全面质量管理"领导过程管理、人力资源、战略策划"等核心要素。[1] 姚玉玲认为，ISO 9000 创建了最基本的质量管理架构与外部认同效应，六西格玛则体现实实在在的内外部改进绩效。在 ISO 9000 基础上实施与六西格玛的整合，将成为我国企业一种较好的质量管理模式。[2] 虞立箴指出，卓越绩效评价准则提

---

[1] 张帅帅. 基于全面质量管理理论的高校教学质量保障研究[D]. 石家庄：河北科技大学，2021.

[2] 姚玉玲. 六西格玛管理在流程性材料生产企业中的应用[D]. 天津：天津大学，2003.

供了组织追求卓越的经营管理模式，兼容了管理体系标准的要求，相关组织在贯彻管理体系标准或取得管理体系认证的基础上，深入开展全面质量管理，整合卓越绩效评价准则的要求来提高自己的整体绩效和能力，从而使组织持续获得成功。①

(二)关于教学管理的研究

1. 关于教学管理的概念与内涵的研究

卢鸿德认为教学管理工作是一种由学校的管理者依据管理规则与教学法则来有条理地安排、调配并利用教学系统的资源，如人力、物资、资金、时间和资讯等，从而保证教学活动能顺利且有效运行的管理过程。② 学者葛金国等也持类似观点，他们把教学管理视为一种在学校教师协助下，为达成教学使命及提升教学品质而采取的一系列特定管理行动，这些行动包括应用某些基本原理和技巧，以便能够有效地指导和监控教学流程，最终达到预期的教学效果。③ 刘茗在其著作《当代教学管理引论》里明确指出："教学管理工作是由校方领导基于教育政策、课程规划和教科书要求，结合教育教学的基本规律，采用现代化管理理念、技术和准则，通过制订计划、组织执行、监督评估和反馈等方式，对教学的所有领域、所有元素和所有阶段进行合理的整合，以此促进教学活动的平稳、高效运作。"④

2. 关于教学管理的意义的研究

各专家对于教学管理的意义有着不同的理解方式。例如，吴志宏从实际出发进行了深入研究后得出五个主要观点：①学校的教育教学活动得以顺利运转的关键在于其工作基础；②学校的教育教学活动能推动各类活动的实施进程；③学校的教育教学活动有助于提升教职工的专业能力及素质水平；④学校的教育教学活

① 虞立箴. 探索卓越绩效准则和管理体系的整合途径[J]. 上海质量，2006(6)：22-27.

② 卢鸿德. 对积极发展高等教育的几点思考[J]. 辽宁高等教育研究，1992(5)：2-5.

③ 葛金国，吴玲. 毛泽东教育管理思想初探[C]//中国地方教育史志研究会，《教育史研究》编辑部. 纪念《教育史研究》创刊二十周年论文集(2)——中国教育思想史与人物研究[C]. 2009.

④ 刘茗. 当代教学管理引论[M]. 北京：教育科学出版社，1997.

动是确保高质量授课的重要手段之一；⑤学校的教育教学活动的效果会间接地决定学生的学习成果及其培养方向是否达成预期设想的目标。①

在探讨这一主题时，李元静则选择依据"客户导向的高等院校服务的品质观念""人性化的方式让所有员工都积极投入课程的管理工作""实事求是的做法发挥了领导干部的作用""坚持不懈地优化并改善课堂的教育素质""利用系统的整合方法增强整个校园内的各个环节的工作效率"，并且强调预先防范以便更好地控制全程来说明该项任务的核心价值观所在。②

葛静在研究我国高校教学全面质量管理的可行性研究中，基于理论与现实两个层面来阐述教学管理的意义与价值，从制度运用、教育组织应用等方面着重展开探讨。③

(三)关于高校教学质量管理及模式应用的研究

1. 关于高校教学质量管理的研究

冯学军强调了教学质量管理的复杂性和其特定的内涵与规律。他指出，高校教学质量管理体系由多个元素构成，如教师的教育质量管理、学生的学习成果评估及教务工作的执行情况，等等。此外，他还指出了这一系统的纵深层次，涵盖了教学流程中的每个步骤和关键部分。④ 吴志宏则进一步阐述道："教学质量管理旨在利用有效的方法、协同和调控，确保教育结果满足课程规划、教材要求和教学大纲的规定。"⑤陈洪林也持类似观点，即教学质量管理是一种基于责任感和对教育的关注而采取的管理方法，使用科学工具全面地设计、执行、审查和解析教学活动，保障教育教学的目标和任务得以完成。⑥ 邹敏提出教学质量管理是以注重教育质量的态度和对于教学质量的责任心为前提，运用科学方式对教学活动

---

① 吴志宏. PBL教学对提升高校思政课获得感的实效性研究[J]. 教育教学论坛，2023(47)：153-156.

② 李元静. 全面质量管理在高校教学管理中的运用[D]. 成都：西南交通大学，2005.

③ 葛静. 全面质量管理——高校管理的新理念[J]. 镇江高专学报，2006(1)：12-14.

④ 冯学军. 教育经济政策初探[J]. 中国高教研究，2001(8)：19-21.

⑤ 吴志宏. PBL教学对提升高校思政课获得感的实效性研究[J]. 教育教学论坛，2023(47)：153-156.

⑥ 陈洪林. 地方大学科学发展的对策思考[J]. 集美大学学报(教育科学版)，2005(3)：51-54.

的全过程实行管理、监督和调整,确保教学效果得到提升。①

2. 关于全面质量管理模式的研究

教育质量管理是一个涵盖广泛且复杂的项目,只有通过全局性的协同努力并实施有效的监管策略才能够确保系统的正常运作。根据李玲的研究观点,为了创建高质量的教育环境,高校需设立一系列的管理模块如教员授课质控机制、学生学识提升方案、课程流程管控框架及提供优质服务的支持平台等。② 此外,王章豹等人提出了高校教育教学的高效架构应包括四部分,分别是制定政策指导的决定机构、执行课堂活动的运营部门、对成果进行评价与反映的信息技术工具组件、对整体情况监测的数据分析中心。③ 而据闻曙明等人所述,"把完整的质量保证模型运用至高等院校中去是一种以人为核心的新颖改革方式和人文主义精神的新时代体现,它不仅包含了人文思想中的观念更新还囊括了一系列关于体制建设、科技进步乃至个人行为习惯上的改进措施,这无疑是高校达到人性化治理目标的关键路径之一。"④因此可以看出,自 20 世纪 80 年代我国开始推广完整化的产品保障后,相关概念已经有了一定的深化并且在实际操作中也有显著进展。

3. 全面质量管理在高校教育中的应用研究

我国教育界在 20 世纪 80 年代中后期开始研究全面质量管理在教育中的运用。目前,相关研究主要包括华东师范大学赵中建教授关于高等教育全面质量管理的比较研究、北京师范大学陈孝彬教授的学校质量管理、华东师范大学黄兆龙教授的教育教学全面质量管理以及北京师范大学高洪源教授的学校全面质量管理。赵中建教授指出,要成功引入并实施全面质量管理,学校必须遵循"以消费者为中心"和"不断提高质量"的核心观念;将学校视为一种"服务",把学生、家长和社会看作"消费者",将教师和教辅人员视为内部消费者,学校内部消费者之间的融洽关系是满足外部消费者需求的保证。⑤ 实施全面质量管理需做好四方

① 邹敏. 关于提高高职会计专业学生毕业设计质量的探索[J]. 财会学习, 2017(17): 199, 201.

② 李玲. 为推动教育事业高质量发展献计出力[N]. 华兴时报, 2024-04-19(006).

③ 王章豹, 李巧林, 郑治祥. 高校教学全面质量管理体系的研究与构建[J]. 中国高等教育, 2003(19): 27-28.

④ 闻曙明, 王剑敏, 董召勤. 独立学院办学质量监控分析研究[J]. 苏州大学学报(工科版), 2006(2): 75-78.

⑤ 赵中建. 探寻教育创新之路——基于教育比较研究的视角[J]. 比较教育学报, 2022(5): 3-18.

面工作：确立正确的服务观、顾客观和质量观，建立质量管理体系，从观念和技术两个层面进行培训，以及领导层的决心和承诺。陈孝彬教授强调了在学校层面实施全面质量管理的精神同样可以借鉴企业的质量管理，并提出要从培养学生对于质量的责任感和认识出发，利用教育的质量变化趋势来实现有效管控，同时与奖励和收益挂钩，采用科学有效的方法等策略。① 黄兆龙教授则深入探讨了教育教学全面质量管理的各个阶段，涵盖了全面质量管理的关键理念、主要步骤、基准任务及基本技巧等方面，这是迄今为止国内教育界最完整的全面质量管理理论体系。② 高洪源教授总结了全面质量管理的四大特性，包括全体人员共同参与的管理方式、基于实际数据和证据的决策模式、针对所有影响因素的管理措施，以及覆盖整个流程的工作管理。③ 相比较而言，陈孝彬、黄兆龙、高洪源的研究结果更为突出的是他们关于全面质量管理的核心概念，尤其是对质量观念和客户视角方面的理解，而赵中建的看法则更为明确且贴近全面质量管理的本真。

学者们对全面质量管理的理解经历了一个较为复杂的过程，只有一步步稳固工作基础才能够逐步达成全面质量管理。在实际操作过程中，全面质量管理在学校的教学管理中的运用必须借助各种方式和途径去完成，并且要持续建立学校全方位的教学质量管理标准体系，以便更有效地支持学校的教学管理工作。

三、研究方法

在本书撰写过程中，笔者主要采用了以下几种研究方法。

一是文献研究法。通过研读相关的学术著作、政策文件和高校教学管理规则等，了解高校教学管理的发展历程、现状以及全面质量管理理念在高校教学管理中的运用情况，为此次研究提供理论依据和背景信息。

二是案例分析法。笔者在研究中选择了一些具有代表性的大学进行研究，深度探讨了这些大学的教学管理现状，包括教学管理观念、管理结构、教学资源的使用及对教学质量的监控等各方面。通过对案例的深入分析，发现高校教学管理中存在的问题和挑战，并探索相应的对策和解决方案。

---

① 陈孝彬. 试谈高校管理的特点和原则[J]. 教育研究通讯，1983(1)：67-71.
② 黄兆龙. 教学全面质量管理的基本方法[J]. 中小学管理，1992(6)：40-43.
③ 高洪源. 管理会计在施工企业中的应用[J]. 合作经济与科技，2018(1)：172-173.

　　三是专家咨询法。通过向相关行业领域内的专家咨询全面质量管理、高校教学管理等方面的理论与专业知识，并在专家的多轮指导下形成优化的教学管理质量评价指标，通过系列的指标评定，分析与总结当前高校在教学管理中尚存的问题并进行反思。

　　四是行动研究法。在高校教学管理实践中进行行动研究，笔者通过参与教学管理活动、观察教学现场、收集数据等方式，深入了解教学管理的实际情况和问题。同时，在行动研究中尝试引入全面质量管理的理念和方法，探索改进教学管理的有效策略，并对实施效果进行评估和反馈。

第二章　全面质量管理概述

在当今快速变化的市场环境中，企业的生存与发展不仅依赖于其产品或服务的创新性和竞争力，更依赖于其内部管理体系的完善和优化。作为一种尖端的管理理念和策略，全面质量管理的目标是通过不断改进和优化公司的各个环节，以保证产品或服务的品质达到甚至超越客户预期。对于社会上各类组织与单位而言，全面质量管理理念更加强调管理的"全面性"，旨在通过提质增效来保障相关组织与管理部门的发展。本章主要针对全面质量管理的相关理念、模式和方法进行概述与总结。

第一节　全面质量管理的理论概述

全面质量管理是 20 世纪 60 年代出现的一种继质量检验阶段、统计质量控制阶段之后的全新有效的现代质量管理理念、模式和方法。20 世纪 60 年代到 70 年代，戴明（William Edwords Deming）和朱兰（Dr. Joseph M. Juran）等学者继续深化全面质量管理理念，将其扩展到了日系公司中并广为流传。20 世纪 80 年代初，欧美的大型机构纷纷采纳这种全新的管理办法，并将其快速地应用于市场，全面质量管理成为提升业务运营效率的关键工具之一。自那时起，全球范围内的各个行业都对这种新颖的管理方法表示出极高的认同，这也就促进了全面质量管理理念在当今社会的广泛传播。

一、全面质量管理的定义

学术领域尚未就何谓全面质量管理达成一致。美国学者费根堡姆创新性地对其进行了如下阐述：全面质量管理是指在充分考虑客户需求的基础上，企业全体员工都以产品质量为核心，运用专业技术、管理技术和数理统计方法，以最经济、最优质的方式建立起一套质量保证体系，控制整个生产过程的质量①。中国质量管理协会在《质量管理名词术语（试行草案）》对企业全面质量管理定义为："企业全体职工及有关部门同心协力，综合运用管理技术、专业技术和科学方法，经济地开发、研制、生产和销售用户满意的产品的管理活动。"②

根据国际标准 ISO 8402-94，全面质量管理被解释为一种管理方法，其核心是基于组织的整体运作，目的是满足客户需求并使组织内的员工和社会都从中获益，从而能够获得持久成功的一种策略。"组织"这个词涵盖了各种类型的实体，包括商业企业、非营利团体、政府机关等，换句话说，全面质量管理的理念可以应用于任何类型的企事业单位。"全员"则代表着组织内所有的部门和个人，强调的是全面质量管理需要充分发挥个人潜力，这是一种注重人力的管理模式。总的来讲，笔者认为全面质量管理是指组织利用现代科学和管理技术，全面系统地管理影响产品质量的各种因素和全过程，以确保产品质量提高，从而达到满足消费者需求的目的。

二、全面质量管理的内涵

作为一种体系化的方式与策略，全面质量管理的核心内涵可被总结为三个"全"和一个"多"。即全过程、全员性、全方位与多种技术的管理，这意味着质量控制应从产品的整个生产流程中体现出来，涵盖所有相关元素，并要求各部门人员协同合作，同时运用多种不同的管理技巧和工具来加以实施。

一是全过程的管理。全面质量管理的一个显著特征在于其重视管理流程，关注工作进程，也就是产品品质并非由生产阶段决定，而是从设计的初始阶段开始塑造，经过生产步骤，最终通过销售与提供服务的途径到达消费者的手中。对产品品质的要求，已经超越了传统的制程和检测概念，扩展到了市场调查、设计、销售等阶段，同时也涵盖了包装、运输、使用、预售后的服务等部分，进而构成了产品品质周期性的全部历程。因而，全过程的意思是对产品生产的整个过程中的每个环节实施监控，建立起一套完整的质量控制体系。

① 肖卫国，刘跃斌. 国际商务管理[M]. 武汉：武汉大学出版社，2011：225.
② 卢盛华，田海燕，许雁伟等. 现代图书馆管理综论[M]. 沈阳：辽宁大学出版社，2003：322.

二是全员参与的管理。产品品质取决于多个制造流程与管理工作，而非仅由专门的工作人员负责。所以，组织必须激发所有团队成员的热情及创新力，从公司的高级主管直至每个普通员工，使得每个人都致力于提升产品质量。此外，为激发全面质量管理发挥最大效益，不仅要强化公司内各个业务部门间的纵向协作，还需要把这种协同扩展到公司的客户和供应商层面。

三是全方位的管理。根据全面质量管理的内涵，其理念涵盖产品的品质、工作的品质，并延伸至所有可能影响产品或服务品质的关键要素，如员工、机器设备、原料、制造流程、测试方法及办公环境等。唯有通过对这些关键元素实施全方位管控，方能提升产品或服务的品质。

四是多种技术的管理。随着制造规模的持续扩大，产出效益的不断提升，客户对于产品品质的要求也在逐步上升。此外，因为涉及众多可能影响产品质量的要素，如物料要素、人造要素、制程要素、管理要素及公司内部外部要素等，若要有效且全面地掌控这些多样的影响因素，仅依赖单一的管理方式是不够的，因此需要针对不同的状况与影响因素，灵活应用各类现代化的管理策略和工具以处理要素问题，实施综合性的管理。

全面质量管理的基本内涵围绕"三全一多"展开。"三全一多"描述的是一种方法论，其核心目的是通过合理分配人力资源、物资、资金及信息等各类资源，用最低成本生产出客户满意度较高的产品。这是实施全面质量管理的基础理念与最终目的，同时也是实行全面质量管理的主要准则。简而言之，全面质量管理的核心在于推动管理方式变革，从传统的单一关注业绩的角度转为重视人的全面性视角及消费者角度，其影响不仅限于质量管理，而是作为一种基于品质核心的商业策略，旨在满足客户需求并实现社会大众利益，从而使企业取得成功。

三、全面质量管理的核心观点

全面质量管理的两大核心观点即以客户为中心和质量的持续改进。这两大核心观点最能够体现全面质量管理的特点，也是最具实际意义的，即一个组织将客户置于管理体系的最重要位置，为客户提供优质产品和周到服务，并通过不断改进产品质量和服务来满足客户需求。

"以客户为中心"意味着企业依赖客户而生存与发展。公司应深入理解并预测消费者当下及未来可能产生的消费欲望，努力达到或超过他们的预期，给客户带来高质量且贴心的商品与服务体验，满足他们的一切需求。此外，这一理念还需尊重并且重视消费者权益及其诉求，把组织运营流程中的全面质量管理视为至高无上的存在，培养始终围绕客户的思维方式，即一切从客户角度出发的服务理念，以此来实现产品的最高品质保证(包括售后服务)，尽可能地迎合客户的期待值，只有让客户感到愉悦才能判断质量管理工作的成功。

"质量的持续改进"代表的是通过改善全公司内的制造流程与操作效果来优化产品并降低品质损耗的过程，这能进一步增加公司的盈利能力并对客户产生更大的利益回报。为了提升组织的整体业绩，组织应不断改进其产品质量，提高质量管理体系的管理效率。只有坚持改进，组织才能不断进步。最高管理者要对持续改进做出承诺，积极推动；全体员工也要积极参与持续改进的活动。质量的持续改进使客户不断获得由于组织持续质量改进所带来的价值增值，最终也使组织获得长期的质量效益。显然，全面质量管理是一种持续优化的哲学思想，也是一种方法论，能够推动企业管理改革，并为应对新的外部压力制定新策略。

四、全面质量管理的经典理论

截至目前，戴明、朱兰和克劳士比被公认为全面质量管理的奠基人和开拓者，下面对这几位学者的理论和模式进行阐述总结。

1. 戴明的理论和模式

在全面质量管理领域，戴明博士的主要成就包括 PDCA 环形流程与十四条原则。他所提出的 PDCA 环形流程是一种有效的操作模式，适用于企业中的品质控制环节。该过程包含四步：规划(P，plan)—执行(D，do)—审查(C，check)—处置(A，act)，PDCA 是确保产品或服务质量的关键方法，是持续提升质量所需遵从的科学路径。这个过程被细分成八个小步骤：第一步是对现实状况进行解析并识别问题，第二步是深入了解所有可能的影响因素，第三步则需要确定关键因素，第四步是拟定应对策略及制订方案，第五步为实际执行预先设定的方案，第六步是评估成果，第七步是把已有的经验总结归纳形成标准，第八步是针对未解决的问题进入下一轮 PDCA 环形流程。当前，戴明博士的十四条原则已演变成为全方位品质控制体系，这是一种以客户需求与期待为主导的管理理念，核心理念一是高度重视消费者的需求，二是持续追求进步，三是提升每个工作环节的质量，四是精准测量，五是赋予员工权利。

2. 朱兰的理论和模式

对于发展中的全面质量管理来说,不能忽略朱兰的存在。他所提出的质量三部曲和质量螺旋理念是对全面质量管理的最大贡献。其中,质量三部曲指的是质量计划、质量提升与质量监控,该理念主要强调从理解客户需要出发,研发能令用户感到愉悦的产品,并且对该产品的特性加以优化,同时调整制造流程来达到最佳效果——这不仅有助于满足客户期望,也有助于公司自身目标的达成。质量螺旋理念则鼓励管理者要先了解消费者的需求,打造符合其口味的产品,接着向市场推广这些产品,让消费者体验到满意度。一旦消费者对此表示认可,就会引发新的消费欲望,从而推动企业进一步创新。

3. 克劳士比的理论和模式

克劳士比以其著名的"零缺陷"及"质量免费"理念闻名全球。根据克劳士比的理解,"零缺陷"意味着"首次就完成任务",并坚信能否实现这一目标取决于组织意愿。他还强烈主张组织及其员工对于品质的承诺,并且相信实现"零缺陷"的关键策略就是首战告捷,构建系统化的质量管理框架,执行防患于未然的策略。"质量免费"这个观念与"零缺陷"紧密相连,也可被视为"零缺陷"的目标动力。在克劳士比看来,高品质、无瑕疵实际上是一种省钱的方式,同时也能减少开支,并增加企业收益。克劳士比的质量提升"十四点箴言"(表2-1)深入人心,许多公司以此作为行动指南。

表 2-1　克劳士比关于产品质量提升的"十四点箴言"

十四步骤	简 要 阐 述
管理层的决心	最高管理层必须绝对相信质量改进是必需的,并确保这种决心让公司的员工知道
质量改进团队	必须由部门主管组成团队,统筹考虑质量改进计划
质量度量	各个职能部门的所有功能都需要建立合适的质量标准
质量成本评估	财务部评估质量成本,找出哪些方面可以做出质量改进
质量意识	必须极大地增强所有员工的质量意识
补救行动	鼓励基层管理人员负责解决所发现的问题,如有需要提交给上层采取行动

十四步骤	简要阐述
"零缺陷"计划	成立"零缺陷"计划委员会，部分成员着手策划行动方案
督导员训练	在推行质量改进计划的早期，各级管理人员必须通过适当的训练
"零缺陷"日	定一个"零缺陷"日，让所有员工知道公司新的质量标准
目标制定	每个员工都要为自己和所属的部门制定质量改进目标
消除导致错误的成因	鼓励员工一旦发现导致错误的成因，立即向管理层报告
表扬杰出贡献	对员工作出的质量改进方面的贡献，必须采用公开的、非金钱的表扬
质量会议	组织有广泛代表性的质量会议，以定期的方式分享经验、讨论问题
从头做起	质量改进是一个持续的过程，必须重复进行以上13点

第二节　全面质量管理的基本内容与基础工作

在当今充满激烈竞争的商业环境中，企业的生存与发展往往取决于其产品或服务的质量。作为一种先进的管理理念和模式，全面质量管理已经成为提升企业核心竞争力的重要手段，其强调以客户为中心、全员参与、全过程控制、持续改进，旨在通过系统的管理方法和工具，确保产品或服务质量始终能够满足甚至超越客户的期望。全面质量管理的实施并非一蹴而就，其需要建立在坚实的基础工作之上。这些基础工作包括但不限于标准化工作、计量工作、质量情报工作和质量教育工作等，这些工作为全面质量管理的实施提供了必要的支持和保障，确保了质量管理活动的有效开展和持续改进。

一、全面质量管理的基本内容

(一)研发过程中质量管理的内容

产品研发过程中的质量管理是全方位质量控制的起始点，贯穿于市场调研、新产品研发、设计构思、生产预备、样机测试与评估等多个关键环节。在这一流程中，核心任务包括根据市场分析结果明确产品质量控制的目标，集合跨职能团队包括设计、制作、品质和营销等部门，共同制定和执行合适的质量控制策略。同时，确保技术文档的准确性与高效性至关重要，以便为研发团队提供更为清晰的指导。此外，执行标准化的审核程序和监督设计及试验的规范步骤也是质量管理的核心职责，其共同保证了产品研发过程中的质量控制和最终产品的品质达标。

(二)制造过程中质量管理的内容

产品的制造过程是对原材料进行直接加工和转化的核心环节，无疑是决定产品品质的关键所在，同时也是企业质量控制管理的重中之重。在这一过程中，质量管理任务繁重且关键。首先，企业必须精心策划并执行高效的质量检测活动，通过定期或不定期的抽样检测，确保产品在整个生产过程中的质量稳定性。其次，推动并鼓励营造良好的生产环境至关重要，包括保持生产场所的整洁、设备的维护和保养，以及对员工操作规范的培训等。为了及时了解和掌握产品质量的变化趋势，开展深入的质量研究不可或缺，这有助于发现潜在的质量问题，并提前制定预防措施。最后，实施工艺阶段的质量监控，并设立明确的管控节点，确保每个生产环节都处于受控状态，从而保证产品品质能够达到甚至超越预期标准。

(三)辅助过程中质量管理的内容

辅助过程是确保产品制造过程顺畅进行所必需的一系列物质与技术资源的整合与管理过程。这一过程涵盖从原材料采购与供应链管理，到能源供应保障，再到设备维护、工具与设备制备、仓储管理及物流服务等多个方面。辅助过程质量管理的核心要点包括：首先，实施高质量的物料采购与分配控制机制，以确保原材料和零部件的品质满足产品制造要求。建立有效的供应商评价体系，实施严格的物料质量检验与审查程序，以确保入库物料的质量符合标准。其次，合理安排机械设备维修与维护任务，以维持生产设备的高效稳定运行状态。通过优化设备维护管理流程，减少生产中断和设备停机时间，提高生产效率和设备使用寿命。最后，加强工具与设备的生产与分发质量监控也是支持全面质量管理的重要环节，应建立严格的生产质量标准和检测机制，确保工具与设备的质量满足使用要求。

(四)使用过程中质量管理的内容

产品质量的最终验证是在实际应用场景中完成的,这一过程不仅延续了企业内部的质量控制流程,还构成了全面质量管理的基础与终结环节。在应用阶段,对产品质量进行控制的主要职责聚焦于提升客户体验,涵盖了售前咨询、售后服务和技术支持等多个方面,其核心目标是确保产品的实用性得到充分保障,并推动企业不断优化以改善产品品质。具体而言,应用阶段的质量控制工作涉及以下几个关键方面:首先,提供专业技术援助,以解决客户在使用产品过程中遇到的技术难题。其次,及时响应并解决已出现的问题,包括故障修复、退换货等,以维护客户权益和提高客户满意度。最后,通过收集关于产品使用的反馈信息,深入了解客户需求和使用体验,以便不断完善产品设计和功能,从而满足客户的期望和需求。这些项目的实施不仅有助于提升客户的整体满意度和忠诚度,同时也为企业持续改进产品和服务质量提供了参考依据。因此,使用过程中的质量控制是产品质量管理工作中不可或缺的重要环节,对于企业的持续发展具有重要意义。

二、全面质量管理的基础工作

全面质量管理的基础工作通常包括标准化工作、计量工作、质量信息工作、质量责任制、质量教育工作等方面。

(一)标准化工作

标准化工作作为全面质量管理的基础工作之一,其重要性不言而喻。标准化工作不仅涉及技术层面的规范,还涵盖管理和工作行为等多个方面。技术标准是确保产品质量和生产效率的关键,这些标准详细规定了产品设计、生产工艺、设备使用等方面的技术要求,确保每个环节都符合既定的质量标准。通过遵循这些标准,企业能够减少生产过程中的变异性,提高产品的稳定性和可靠性。除了技术标准,管理标准也是标准化工作的重要组成部分。企业管理涉及多个方面,如生产管理、质量管理、财务管理等。通过制定管理标准,企业可以建立起一套科学、高效的管理体系,明确各部门的职责和权限,优化管理流程,提高管理效率。这些标准有助于确保企业各项管理工作的有序进行，为企业的稳健发展提供有力保障。此外，工作标准主要关注员工的行为规范、职责划分和权限设置等。通过制定工作标准，企业可以明确员工在工作中的行为准则，确保员工能够按照既定流程和规范开展工作，提高工作效率和工作质量。同时，工作标准还有助于建立起良好的企业文化，不断激发员工的工作积极性和创造力。

（二）计量工作

计量工作作为全面质量管理中的关键环节，在确保产品质量这一层面具有举足轻重的地位，其涵盖检测设备的配备、校验、维护及正确使用，同时还涉及测量人员的培训和管理等多个方面。首先，检测设备的配备是计量工作的基础。企业需要根据生产工艺和产品特点，选择适合的测量设备和仪器，确保能够对产品质量进行准确的检测和评估。其次，校验和维护工作是确保检测设备准确性和可靠性的重要保障。企业需要定期对测量设备进行校验，确保其测量结果的准确性和一致性。再次，还需对设备进行定期维护和保养，防止设备因长时间使用或不当操作而出现损坏或误差，从而影响产品质量检测。最后，正确使用测量设备也是计量工作的重要环节。企业需要制定详细的测量操作规范，确保测量人员能够按照规范操作，避免因操作不当而导致测量误差的出现。总的来说，通过准确的计量工作，企业可以及时发现生产过程中的质量问题，并采取相应措施加以改进。

（三）质量信息工作

质量信息工作对于了解产品质量状况、找出问题的原因、制定改进措施及提高产品质量水平具有重要意义。首先，企业需要通过各种渠道，如生产现场、客户反馈、市场调研等，全面收集与产品质量相关的各种信息。其次，整理质量信息是将收集到的信息进行分类、归纳和整理的过程。通过对信息进行有序的管理和存储，方便后续的分析和利用。再次，企业需要对收集到的信息进行深入分析和挖掘，以发现产品质量存在的问题和潜在改进点。这可能需要运用各种统计方法、分析工具和技术手段，对信息进行定性和定量的分析。最后，通过对质量信息的利用，企业可以制定针对性的改进措施，优化产品设计、生产工艺和质量控制流程等。同时，这些信息还可以为企业的战略规划、市场分析和竞争策略提供有力支持。

(四)质量责任制

质量责任制是全面质量管理体系中的一项核心制度,旨在明确企业内各部门、各岗位在质量管理中的具体职责和权限。这一制度的建立和实施,质量管理工作得以有章可循、有据可查,确保整个质量管理体系得以有效运行。在质量责任制下,每个部门和岗位都被赋予了明确的质量管理职责和权限,意味着每个员工都十分清楚自己在质量管理中的角色和责任,知道应该做什么、怎么做及何时做。这种职责的明确性有助于避免工作中的推诿和扯皮现象,不断提高工作效率和质量。同时,质量责任制还强调对质量管理工作的监督和考核。通过定期对各部门和岗位的质量管理工作进行检查和评估,及时发现存在的问题和不足,并采取相应措施加以改进。这种监督和考核机制有助于激发员工的质量意识,促使个体更加积极地参与质量管理工作。

(五)质量教育工作

质量教育工作在全面质量管理中扮演着至关重要的角色,是对员工进行全面质量意识、质量管理知识和技能培训的重要途径。通过质量教育,企业可以显著提高员工的质量素质,增强他们的质量责任感和主动性,推动整个企业的质量管理水平不断提升。如通过向员工传授质量管理的基本原则、方法和工具,使员工掌握科学的质量管理方法,提高质量管理能力。这将使员工在面对质量问题时,能够迅速找到问题的根源,并提出有效的解决方案,从而提高产品质量和工作效率。因此,企业应高度重视质量教育工作,将其纳入全面质量管理体系,并持续加强相关工作的实施和管理。

第三节　全面质量管理的模式与方法

全面质量管理已成为当前企事业单位提升核心竞争力的关键手段。通过引入先进的质量管理模式和方法,企事业单位能够更加系统地优化生产流程,提高产品质量,进而实现可持续发展。本节将深入探讨全面质量管理的模式与方法,旨在为企事业单位提供一套行之有效的质量管理框架和工具,帮助企事业单位构建高效的质量管理体系，提升产品质量和服务水平，以更好地应对市场挑战和变化，采用全面质量管理模式，及时总结相关经验。

一、模式一：质量管理体系

质量管理体系是一种用于指导并管控组织内质量管理的策略，是一种由组织内部构建的机制，旨在达成其质量目标所需的全面且系统的质量管理方式。质量管理体系整合了各种资源及步骤，通过对各个环节的管理来实行系统化操作。通常情况下，会依据企业特性挑选出一些关键元素用以搭配，这些可能包含与管理行为、资源供给、商品制造到检测、分析和改善活动的所有相关阶段的过程部分。换句话说，这个体系覆盖了自定义客户需求、研究开发、生产、检查、营销至交货前整个周期的计划、执行、监督、修正和提升的活动标准。这种制度往往以书面形式呈现出来，作为组织内部质量管理工作的标准。

(一)质量管理体系的定义与内涵

根据 GB/T 15496—2017 企业标准体系的规定，企业标准体系是企业的内部规范按其各部分之间相互关联且有序构建的一个有组织的统一体。这个标准主要由技术规则构成，同时也包含行政标准与操作标准。如此一来便可以确保公司在产品制造过程中的各个环节，如设计阶段的产品质量控制、研发过程中对新材料的研究及应用等都能按照相应规章来执行管理工作流程或采取相应的业务处理方式。同时，这些工作的具体内容也必须通过一定的程序加以确定，并将其融入公司整个运营机制之中才行。

质量管理体系这个概念被明确地界定于 GB/T 19000 标准内，其含义是指对组织内部在质量方面的指导与管控。该体系旨在执行质量管理任务并确保质量，同时达到预设的质量目标。由多个元素构成的这一体系涵盖了公司质量管理活动的核心部分，并且每项具体操作都需有相应规定或者相关标准的支持才能顺利展开。

显然，质量管理的标准化和标准化的质量管理是两个不同的概念。质量管理的标准化是一个涵盖了所有相关标准并将其组织成有逻辑结构的系统的过程。这套由各类公司所制定的标准体系，能为各行各业、大中小型公司的生产提供全方位且完整的标准化指南。通过应用此套标准，可协助公司构建出一套符合自身需求且长期有效，具有一致性的企业标准体系。质量管理体系是公司执行产品质量管理所需要的机构设置、流程安排、步骤规划及人力与物力投入，主要涉及确定公司的质量政策、设定质量指标并开展质量计划、品质监控、品质保障及品质提升等相关工作。

(二)质量管理体系的重要作用

将标准化的企业运营流程纳入质量管理体系中，相关组织便能实现"事事有专人处理、事事有明确规定、事事能追溯记录、事事受监控"的高效管理方式。各个环节相互关联且互为监督，营造出一个能够实现自我完善的管理环境，降低了工作中的随意性和消除了组织内的拖延及冲突问题，大大降低了出现质量问题或安全问题的可能性。所以，推行质量管理体系对于提高公司管理效率和确保产品质量具有关键性影响。

1. 促使组织运营与市场规则相匹配

质量管理体系包含任何一个组织都应遵循的八项质量管理原则，主要包括：始终把客户放在首位、发挥引领者作用、全体员工积极投入其中、采用流程化方式处理问题、运用系统化思维方式解决问题、不断优化并提升自我能力、依据实际数据作出决定、供应商之间实现双赢。这些基本准则有助于推动组织的整体品质控制能力的上升，以及各阶段工作的效能改善。在组织内部，明晰每个角色的责任范围及权利分配，可以确保各部分任务有条不紊地执行并配合监管工作，这也有助于强化对产品或服务的高标准要求，并增加对服务的重视程度，进而提高整个团队的效能。

2. 构建自我检测与自我改进机制

"言行一致"是质量管理体系的关键原则。质量管理唯有实施后方能为组织运作产生价值提升。这既依赖于管理层通过训练和教导提高员工主动遵守相关规定的意愿，也取决于定期的自我审查过程。该过程旨在评估整体质量控制系统的合规性和效能，及时发现违反规定的情况，并对问题进行深入分析以避免问题的重复出现。同时，每年由国家认可机构进行的检查可以确保质量管理的合规性和效果。从外部监督的角度促进组织规范质量管理，严格执行标准、相关法律法规和体系文件要求。因此，构建一个内外相辅相成的管理架构，能够更好地发现并纠正组织内存在的问题，同时分析预防策略，从而推动组织整体运作水平的持续提升。

3. 培训高水平的管理骨干来奠定组织发展基础

执行质量管理体系标准能塑造出一支熟悉组织运营情况，并深谙质量管理理念及要求的精英团队，其精通将质量管理体系应用到实践中的具体策略。这会在无形之中影响所有员工，使他们逐渐养成遵循规范、制定规则和优化流程的良好习惯。

4. 提升产能和管理效率，减少生产运营开销

实施系统化规定后，组织内部将品控职责由质控专员转移至制造商、建设者及科技专家等多方参与的管控小组，这能激发多方主体的主动性和创新精神，同时让每个部门和个人明确自己的任务内容及其完成方式，从而增强工作的逻辑结构并降低机械问题发生的可能性，提升使用效率并降低意外事件的发生概率，以显著提高产能水平。

5. 提高"事前预防"而非"事后检验"的意识

"预防为主"的理念始终渗透于整个质量管理体系之中，通过防止不良状况的出现，从而保障产品的品质与服务水平。不仅如此，质量管理体系认证并不只是聚焦于对最后的产品与服务进行质量检测，而是更加重视所有可能影响其质量的过程管控，如设计研发、原料购置、制作计划、生产加工、测试实验、包装存储、售卖配送、装配服务等阶段。如对于建筑公司来说，其会采用入场审查、技术指导、查看施工日记与设备安装记录、检查、验收流程等多种方式实现全面监控。质量管控体系更多体现出一种事前预防的思维意识，从而降低产品质量发生的可能性。

6. 提高组织的知名度与影响力

取得质量管理体系的认可，能够证明组织所有的管理流程都得到了妥善管理，可以向客户供应符合其要求及法规规定的服务，有助于提升品牌的知名度与声望，在国内外的市场中塑造出优秀的口碑，并获取产品或服务的全球化准入资格，成为组织进军海外市场的重要工具，也能为其国外业务的扩展创造优越的环境。

(三)质量管理体系的工作要求

质量管理体系运行要实行"装进去""用起来"，最后达到"效果好"。体系建

设和实施这项工作确实涉及面非常广，战线很长，要素多，工作繁琐，对于各级管理者和工作人员的专业水平要求也比较高，因此会出现一些不足和问题。一是体系标准与实际管理"两张皮"的现象会不同程度地存在。二是体系建设缺乏持续提升的动力。三是质量管理体系重视程度不够，质量管理体系的理念方法未能得到有效贯彻和应用。因此，实施质量管理体系要注意做好以下工作。

一是全员参与。贯彻实施质量管理体系标准是组织的重要管理决策，全体员工应该贯彻执行，必须充分意识到推动建设质量管理体系标准是一项长期且艰巨的系统工作，必须全员参与，这既是工作的需要，也是质量管理体系标准的要求。

二是做好学习与培训。对于首次接触此项工作的企业员工来说，质量管理体系标准是一个新鲜事物，为其提供相应的培训和学习机会尤为重要。培训期间，全体员工务必认真学习，为做好文件的编制与修订、内部审核、纠正与预防措施的制定和实施等奠定基础。在质量手册、程序文件和作业文件编制完成之后，各部门要及时组织学习，领会文件要求，并坚决贯彻执行。

三是注重科学性和实用性。执行质量控制系统时，管理者需要采取多种方式，如教育、训练及辅导等来让员工理解、掌握并应用到标准执行中去。同时，管理者也需运用各种经济、市场和政策工具以妥善处理生产运营过程中遇到的服务、履行责任和监控问题。另外，品质控制系统的实行必须同组织内的管理相互配合，共同进步，深入探讨和改进现存的管理模式，确保其能够符合质控要求。

四是严格程序，抓好落实。体系建设的目标任务是将体系标准导入企业的日常管理工作，严格按照质量管理体系标准要求，认真界定和建立各部门及其岗位的管理程序。全体员工要进一步统一思想，克服形式主义，要做到流程清晰、职责明确，工作步骤和工作标准简单明了。在编制文件的过程中，组织需要确保每个岗位的员工都按照流程来撰写文件，部门领导对流程进行审查，主管领导对流程进行批准，这样可以保证系统建设的工作不走过场、不做表面功夫、不只是形式上的完成，而是实现了所写就是所做、所做就是所写的原则。

五是建立长效机制。执行与维护高质量的管理制度是一个持续且复杂的过程，为了确保其成效，公司需要从更长远的视角出发，根据该制度的要求来设定职位、安排员工、优化收益分配及调整公司的运营流程，并制定出持久且高效的工作推进方法和管理方法，以便更好地掌控整个实行过程。

二、模式二：卓越绩效模式

卓越绩效模式（performance excellence model，PEM）是全球公认的先进经营管理模式。全球范围内已有超过 80 个国家与地区的质量奖评定采用卓越绩效模型，许多组织也以此框架用于自身评估，以发现提升空间并寻求进步途径，从而借助连续优化达到优秀表现。当前，卓越绩效模式被视为一种有效的组织全面性能管理策略或者手段，其能指导组织向客户、员工及其他利益相关者提供持续价值，进而提高组织的总体效率。

（一）卓越绩效模式的基本环节

1. 过程的策划

从卓越绩效模式的策划过程来看，其主要包含步骤辨识、定义流程需求及设计流程三个环节。

一是步骤辨识。这是流程管理的 PDCA 周期中 P 环节的首要任务。卓越绩效模式把流程分为两大类别：价值生成流程与支撑流程，原因在于其服务的"客户"有别：前者主要针对组织自身的消费者及组织本身，一般涵盖设计与研发流程、商品制造与销售流程、资金操作流程等；后者则是组织的内部分配和服务行为，其目标对象主要是被服务和支援的价值产生流程及组织的常规运行，如人力的配置、财务的管理和设备设施的维护等。

二是定义流程需求。这是流程管理的 PDCA 周期中 P 环节的第二个步骤。流程需求被视为设计流程的基础，其目标在于通过对流程的管理来保证并提升其运行品质，其中，流程的品质是指它是否符合所需标准。如果"需求"没有明晰，那么也就无法讨论流程的质量了。这些需求来源于流程产出接收者，也就是客户与其他关联方及下游环节。包含但不限于：流程效能（如质量属性、产能、及时度等）、流程效益（指的是每种资源所产生的流程成果，比如产量、费用、周转期等）等。支撑流程的需求往往与产品的特性和服务无关，而是更多地取决于内生价值创造对流程的需求。

三是设计流程。这是流程管理的 PDCA 周期中 P 环节的最后一步。在这一阶段，相关组织应按照流程要求去制定流程，而非反过来使流程适应企业设想。如针对某个自动制造流程，应依据其节奏需求设定产线运转速率。因为产品的特性与服务属性各异，所以流程设计的方法可能会存在些许差异，大致可以遵循以下步骤：明确从各个利益相关者处收集到的流程需求，充分运用新的科技手段和组织的知识储备，逐步实施并测试每个流程，把流程的需求转化为实际的流程表现。

2. 过程的实施

在卓越绩效评估标准中，"过程的实施"涵盖流程管理 PDCA 周期 D 环节的"执行"及 C 环节的"审查"两部分，并且强调"有效的且高效的执行"。所谓有效的执行就是指流程应按其设计运作，满足流程需求；高效的执行则是说流程应寻求最高效能，也就是以尽可能少的投入实现最大产出，包括正面效益的提升与负面效应的最小化。

执行流程时，工作人员需要对预先设计的流程有深入了解，并熟练运用其执行、监控与管理的策略。为了确保流程效果，组织需构建一套完整的流程效益评估体系(包含效益指标、描述、计算方式、监测周期、信息来源、信息收集手段、信息分析技巧等)，以便于实时跟踪、调整和优化流程。同时，组织也可以利用流程运作中的数据记录、统计，或是借助客户、下游环节、员工、社群、高层领导等相关方提供的意见来衡量流程效果。

同时，组织还需要利用适当的统计工具(如统计过程控制与测量系统分析，等等)来监测流程的运作情况，保证其稳定性和可控性，并且具备足够的操作能力。在执行流程质量审查时，工作人员应采集和解析流程中的质量损耗，防止出现瑕疵或重复工作的情况，从而减少外部费用，并借助诸如价值工程等多种手段，努力优化和管控整个流程的总成本。

3. 过程的改进

过程的改进是流程管理 PDCA 周期中的 A 环节的"处置"阶段，包括对过程的评价、改进、创新和分享。组织需要针对流程的表现和效能进行深入研究，找出优点并发掘改善的可能性，从而推动流程的改良和创新，确保流程能够适应组织的发展路线和策略计划。通过流程改良所取得的成果构成了组织的关键知识财产，应被各相关部门广泛传播。

在遵守组织的保密规定的前提下，组织可以向客户、供应商及协作者，甚至于业界同行展示组织的工作成果，以推动社会的进步和繁荣。此举旨在从更大范围来缩减流程改善所需的时间和资源，并拓展其覆盖面，使所有相关的利害关系人都能从中获益。每个组织在成长的过程中都可能面临各种问题，因此需要针对这些问题的性质、严重性和复杂度选择适当的解决方案。

因此在过程改进的过程中，相关组织需要创建一套评估、改良、创造及共享的标准体系，涵盖多种改良策略、各类数据分析手段及相应的应用场景，寻找可以继续提升或者革新的潜在领域，并根据影响力大小、紧迫度、变迁走势、市场竞争力以及与标准比对情况，对可能的改善方案进行优先级划分，并分配适当的人力物力去执行这些计划，同时在相关团队和个人工作中推广经验，如有必要也可与外界公开交流。

(二) 卓越绩效模式的作用

组织推行卓越绩效模式，能够有针对性地对管理活动现状展开自我审视，识别短板与不足，进而更加精准地确定下一步的战略和举措。各国企业长期推行卓越绩效模式的实践证明，卓越绩效模式是一种先进、有效的系统管理工具，其作用主要体现在以下四个方面：全面梳理现状、驱动业务创新、促进协调一致、提升品牌效应。

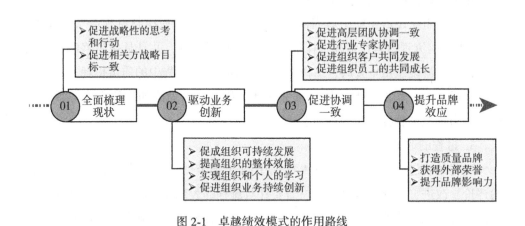

图 2-1 卓越绩效模式的作用路线

三、模式三：标杆管理

美国的施乐公司首倡"标杆管理法"。"标杆管理法"强调了组织的永恒进步精神及对优秀的执着追寻。西方管理学界将标杆管理、企业再造、战略联盟一起并称为 20 世纪 90 年代三大管理方法。标杆管理起源于施乐公司，其将标杆管理定义为：一个将产品、服务和实践与最强大的竞争对手或是行业领导者相比较的持续流程。其核心就是以行业最高标准或是以最大竞争对手的标准为目标，从而改进自己的产品（或服务）和工艺流程。

（一）标杆管理的定义

美国生产力与质量中心将标杆管理解释为一个系统化、持续性的评估过程，通过与世界领先企业不断比较业务流程，为企业提供改善经营绩效的信息。标杆管理又称"基准管理"，其核心在于寻找最佳实践，将其作为基准进行"测量分析与持续改进"。因此，标杆管理是创造模板的工具，可以帮助企业建立自身的管理模式或工作标准，是实现管理创新和获取竞争优势的最佳途径。

（二）标杆管理七步法

从标杆管理的实施与应用来看，其主要包含七个步骤，分别是：确定范围、组成标杆管理团队、选择标杆对象、收集资料和数据、进行标杆对比、沟通与交流、采取行动并持续改进。其中，每个阶段都有其重点，它们相互联系，构成了一个完整体系。

1. 确定范围

深入了解企业的核心业务流程和管理策略，从这些流程的核心节点入手，找出企业的运营障碍，确定企业标准化的方向和范围。一般来讲，企业在处于持续性的竞争劣势的情况下，或面临某些方面深入转型的压力的情况下导入标杆管理更具现实意义。企业有以下特征时适合导入标杆管理。

（1）企业的表现存在明显不足，长期以来与外部竞争者相比，企业并未找到这种差距的源头。

（2）企业的现有策略效果不理想，需要寻找最佳策略。

（3）企业设定目标的方式不科学，也没有强大的支持来确保目标的合理性。

（4）企业不清楚接下来应如何行动，新的增长机会又在哪里，需要追踪先驱者的进步路径或者开发自身已经形成的优秀模式。

（5）不明确自身的弱点。企业不明确自身的弱点在何处，对各个职能和流程的投入产出效率了解不足，无法找到自身定位；或企业内部缺少压力，导致管理人员没有持续的改善动力。

企业内部对自身发展的认同度和信心程度通常决定了标杆管理的引入时机。只有当企业内部深刻理解持续竞争中本企业的不利因素，并且具备坚决实施标杆管理的决心，才能消除自我否定的心理障碍，使得标杆管理可以成为被重视的事项。

2. 组成标杆管理团队

为挑选出合适的团队来执行标杆管理工作，企业需要依据选定的目标确定相应的策略，并招募相关人员。在此过程中，确保所选人员的熟悉度和专长与项目内容相匹配，以保证其能够胜任这项任务。实施标杆管理的整个流程包括企业的转型升级，因此建立一支专业的、高效的团队来承担此责任十分重要。

3. 选择标杆对象

挑选出几个在所研究领域表现优秀的公司，分析这些公司的共同特质并建立起行业的典范基础。典范可以包括直接和潜在的竞争者、同业或者跨越不同领域的类似业务单位的一个特定对象，确保被选出的对象具备比较性和其管理的实际操作能被复制。此外，选择的标杆可以是来自公司内部的小组（部门），例如寻找两个相似部门作为参照点。

4. 收集资料和数据

深度解析标杆对象的运营策略，以全局视角来揭示并提炼出标杆对象的竞争力及优势（包含个人行动典范、业务功能模范、操作流程榜样以及体系化标准），概括出其成功的核心要素。这些信息和数据可被分为两大类别：一是来自标杆对象本身的信息，主要是指它们的业绩指标及其最优的管理方法，也就是其表现优秀的方式、手段和技巧。二是参与标杆对齐活动的公司的数据和信息，展示企业当前的业绩水平和管理状况。

5. 进行标杆对比

对标杆公司的成果及实际操作与自身公司的情况加以对比、研究，识别自身公司在效率表现上的不足之处，并探索企业质量管理的不同点。具体来看，在标杆对比的过程中，需要考虑以下几个要素。

（1）商业规模的不同和经济成本效益的差距。

（2）在公司发展的不同阶段，管理实践和业绩的差异。

（3）企业文化理念和管理方式的不同之处，包括分权集中程度、资源共享情况和内部控制程度。

（4）产品特性和生产流程的异同之处。

6. 沟通与交流

与员工沟通标杆管理的推进过程，并让全体员工理解标杆基准化的目的、目标与前景，根据全体员工的建议，拟定绩效目标，并提出改进方案。

7. 采取行动并持续改进

企业需要制定具体的行动方案，包括计划、安排、实施的方法和技术，以及阶段性的成绩评估。每一实施阶段都要进行总结、提炼，发现新的情况和问题，并及时改进。将标杆基准融入企业日常管理工作之中，使之成为一项固定的绩效管理活动，并持续推进。

（三）标杆管理的作用

标杆管理是一个系统性和持久性的评价流程，其目的在于将公司各项业务与行业内或行业外的最佳实践进行对比分析，以获取有助于提升企业运营效率的信息。具体来看，标杆管理主要具有以下几种作用。一是评估表现。通过识别最优表现及其执行路径，公司能够明确自身的地位和管理运作的短板，从而制定出符合公司发展的策略。二是持续优化。标杆管理有助于克服公司的弱点或解决阻碍公司快速发展的核心问题。当企业内部的各个环节流程都得到改善时，整体绩效也会随之提升。三是提升业绩。标杆管理为公司设定了明确且实际的运营目标和可行的执行路径，这对激发员工的积极性有益，进而提升公司的业绩。四是制定策略。企业能够借鉴和学习竞争者的方法，并根据自身的实际状况进行创新和完善，从而设计出符合本公司需求的新策略，最终超越竞争对手。五是提升学习能力。标杆管理有助于企业克服缺陷，提高学习水平，使得企业转变为一个学习型组织，这将帮助企业持续寻找新的改进机遇和策略。六是评估职责。公司可以借助标杆管理，对产品、服务和工作流程进行全面严谨的审查，从而识别出潜在问题并制定相应的优化方案，增强整体实力。

标杆管理作为一种有效的管理工具和方法，已经在许多企业中得到了广泛应用。根据网络调查结果显示，全球500强企业中有超过九成的企业在其常规运营过程中使用了标杆管理。借助这种方法，企业能够不断地识别自己与最优标准间的差异，进而找寻到减少这些差异的具体途径，以此达到持续优化和提升业务效益的目的。

四、模式四：方针目标管理

方针目标管理是针对公司质量战略及其目标设定、执行与落实整个流程中的组织、调配、监管、审查等多项管理工作的一系列行动，也就是要求所有员工都积极参与目标设立过程，并在实际操作中达到"自我约束"的效果，以期达成预设目标。这种理念的核心在于将最终的目的或使命转变为具体的可衡量的目标，并且保证这些目标得以实现。为了让质量策略规划真正发挥作用，其需要基于公司的全面质量管理体系之上，包括对质量政策的明晰阐述，对质量标准的清楚界定，对目标的具体细化，使得每个部门和职位都可以在组织内各自的责任区域充分发挥个体的职能，承担起应有的责任，从而有效地推动各项质量管理目标的达成。

(一)质量方针目标的制定

公司设定的质量方针目标由公司的主要负责人(如总裁或首席执行官等)明确发布，这代表了公司整体的品质理念及发展趋势。公司的主要负责人需确立质量方针目标，并且将其编写成相关文档。质量方针目标为设定和评估品质指标提供了一个框架，同时也是评判质量管理体系效能的基础。所以，公司的主要负责人需要负责制定和实施质量方针目标，并在组织的各个部门中设立相应的品质目标。品质目标是公司在品质领域努力达成的目的，这些目标应是可以衡量的，且应符合品质政策的要求。

质量方针目标是公司的主要运营目标，也是决策和管理工作中的基本准则，应在公司的品质管理和风险预防等方面起到重要作用。质量方针目标需要由公司负责人来组织并监督执行。通常来说，设定质量方针目标需要经过预备、确立和执行这三个步骤，主要参考公司内外部环境因素，然后经过审议和修订，最后通过审核并公布，确保有效施行，并对其实施情况及时进行监督和评价。

(二)制定质量方针目标的基本原则

从制定质量方针目标的基本原则来看，需要契合以下基本原则：符合国家相关法律法规，涵盖质量有效保证的所有承诺，体现企业发展的预期性，满足客户的需求和期望。在这四点原则的基础之上，质量目标方针的应用管理才能确保企业的长期运作，同时确保质量管理体系的持续改进，并根据具体的实施进程来修订与完善质量目标方针。

(三) 质量方针目标的实施与考核

为了保证品质政策得以完全执行，组织需要积极推广与实施这一策略，借助培训让所有员工都深刻理解该战略的目的及其关键地位，明白自己的职业角色对于达成此项使命的重要性，并且设定个人的具体指标以指导行动。因此质量方针目标应被各部门按级别逐步细化，以便于实际操作中能够顺利完成各项规定动作。制定出清晰明了且有针对性的标准是至关重要的步骤：保障各个环节都能准确无误地遵循既定原则来运作。此外还需注意的是要保持这些标准的连贯一致性，并在过程中不断检查是否符合预设的标准要求——即适应度高不高？效果好不好？能否付诸实践？因此，对于各个职位及操作层面来说，质量的目标应是清晰且可量化的。为了实现有效的质量目标管理，企业需基于清晰的责任分配制度来设定每个人的角色与职责，确保所有员工都能够在他们各自负责的产品质量领域内发挥重要作用，承担相应责任，企业同时要注重对员工在实施质量方针过程中的考核，齐心协力地提升产品品质。

(四) 方针管理与目标管理的不同

方针管理与目标管理在应用理念与操作过程中，存在一定的不同。

第一，方针管理着重追求"整体最佳"，目标管理有重视"局部最佳"的倾向。方针管理是组织推动面向新方向行动的"想法"，如"向某个方向做某些新的工作"这样的提法。在以方针管理运行的组织里，企业整体、各部门、各小组都有具体的方针指引。高层人员在年初发布整体方针，然后各部门将其转化，个人根据自己所属部门的方针，明确个人的工作方针，即使是普通员工也要在方针中明确自己的作用和任务，以此追求"整体最佳"。但在目标管理的体制机制之下，部门和个人的真正目的即使与公司目的不一致，只要是实现了上司和部下之间确定的某个目标，就应被承认和认可，这样就形成了重视"局部最佳"的事实状况。在确定各个层级的"方针"的时候，要经过充分讨论，以此提升理解度和接受度，通过充分的沟通磨合，明确方向和路径。方针确定之后，在工作开展方法上，就是 PDCA。然而，要想真正将 P→D→C→A 这样的循环过程做到完美无缺，则需要更多的技巧。如 P→D→C→A 之后一定要有"S"，S 是 Standardization（标准化），最终是 P→D→C→A→S→D→C→A→S 的不断循环。建立计划，实施工作，检查确认后再实施，最后确定是好的办法后，就进行标准化，在组织范围横向开展。并且，标准化了的工作还必须随环境的变化不断改变，还要对标准化了的工作不断进行重新审视和评估。

第二，方针管理注重过程，而目标管理注重结果。策略管理的核心在于确保"共识达成"与"团队合作"的过程贯穿于制定策略及执行策略的过程中。毋庸置疑的是，组织运营必须取得成果，然而若过分专注于逐一实现这些目标，其负面影响也是巨大的。目标管理通常有比较强烈的追求短期结果的倾向。一般是依照财务决算信息，按照 3 个月、6 个月、1 年等的时间跨度，对结果进行评价。比如，为实现目标，制造业企业往往要求零部件供应商降低采购价格，造成零部件供应商无力对后期产品的开发进行投资，两三年之后，产品竞争力出现落差，最终导致自身的市场份额下降，那就再进一步要求供应商降低价格，从而陷入恶性循环之中。

五、模式五：六西格玛管理法

六西格玛（6σ）管理法于 1986 年由摩托罗拉公司的比尔·史密斯提出，此概念属于品质管理范畴，西格玛是希腊字母，是统计学里的一个单位，表示与平均值的标准偏差。六西格玛管理法旨在生产过程中降低产品及流程的缺陷次数，防止产品变异，提升品质。

（一）六西格玛管理法的由来

自 20 世纪 90 年代起，六西格玛管理法由通用电气公司（General Electric，GE）逐渐转变为一项强大的企业流程改进技术，它提供了新产品的研发工具，同样适应于设计、制造及服务的各个环节。随着全球化、服务化和电子商务策略的发展，六西格玛管理法已然成为世界各地致力于实现卓越管理的企业的核心战略选择。如今，六西格玛管理法已经发展成一种基于客户需求设定企业战略目标和产品设计标准的理念，旨在寻求不断提升的管理方式。自 21 世纪初开始发展的六西格玛经营策略是一种以全局视角审视并优化业务过程的管理方法，它从全面质量管理体系中汲取精华并将其转化为实际可行的操作手段。这种方式已被许多国际知名公司如摩托罗拉、通用电气等采用且取得了显著的效果。因此，我国部分政府机关与组织也积极推动此项工作在境内的大型商业实体的实施推广与应用。

作为质量管理学的重要管理方法，源自摩托罗拉的六西格玛管理法被视为一项管理典范。这个管理法最初主要关注于制造业的优化，随后逐渐扩展至涵盖了大部分商业过程的重新设计。例如，家用电器公司如惠而浦、通用电气和 LG，计算机品牌如戴尔，快递服务商如德国邮政，化工业巨头如杜邦和陶氏化学，医药行业领导者如安捷伦和葛兰素史克，电信运营商如沃达丰和韩国电讯，银行业机构如美国银行和英国汇丰银行等，均采用了这一管理法。

(二)六西格玛管理法的概念

六西格玛管理法是一种以统计评估为基础的管理方法，其核心是追求生产无缺陷，预防产品责任风险，降低成本，提高生产率和市场占有率，以及提高顾客满意度和忠诚度。6σ 管理法不仅关注产品和服务质量，还注重过程改进。σ 是希腊字母，用于统计学表示标准偏差值，描述个体偏离总体均值的程度，σ 值越大，缺陷或错误就越少。6σ 是一个质量目标，表示 99.99966% 的过程和结果是无缺陷的，即在 100 万次中只有 3.4 次有缺陷，接近完美水平。企业的核心过程越稳定，越能以最低成本、最短时间来满足顾客需求。大多数企业的管理运作为 3σ~4σ，即每百万次操作中有数千到数万次的失误，这样的质量标准要求经营者耗费 15%~30% 的销售额进行事后弥补。而若达到 6σ，这部分资金将降低到仅为销售额的 5% 左右。

实施六西格玛管理法的核心在于，如果能够对某个流程中的错误数量进行精确测定，那么就能通过系统的研究来找寻如何去除这些错误并尽量实现"无瑕疵"的目标。"流程"一词在六西格玛管理法中占据了重要地位。例如当个人前往银行开设新账户时，整个过程包括其进入银行直至完成手续被称为一个"流程"。在此过程中，还有另一个"流程"存在，例如银行基层工作人员将会引导个人填妥申请表格并将其提交上级领导审批，这是一个标准化的操作步骤。个人作为前台人员的客户被视为外部客户，但与此同时，银行基层工作人员也需要向高级管理人员提供相关信息，因此后者也具有一定的客户身份，称为内部客户。类似地，制造企业和该情况也有相似之处，因为下游部门就是上游部门的"客户"。

(三)六西格玛管理法的特征

1. 以客户为关注焦点的管理理念

以消费者为导向的六西格玛管理法强调满足用户需求的重要性。它从理解并解决客户的核心诉求开始：例如，如果企业能将卡车的运输能力提升 2 倍，同时保持其性能不变，那么这对技术来说并非难事，但是这样的改动是否符合消费者的需求？答案可能是否定的，因为这样做的代价会更高昂，燃料消耗会上升，所以消费者不一定愿意购买这种产品。关键在于了解哪些才是真正重要的，即消费者所关心的东西。假设摩托车车主购车时需考虑 30 项指标，就必须找出这些指标中最具决定性的那个，然后利用数学模型寻找最佳配置方案。这就是为什么六西格玛管理法总是优先选择那些直接关系消费者利益的项目，并将焦点集中于他们最为关注的领域，从而最大化地提高组织的价值。

2. 提升客户满意度和减少资源投入

六西格玛管理法的目标主要包括两点：首先是增加客户满足感。这可以通过扩大市场份额和开发新市场以实现更高的收益率。其次是减少资源消耗。特别是在因不良产品质量造成的成本(cost of poor quality，COPQ)上，可以有效地增加企业的利润。由此可见，采用六西格玛管理法能够为企业带来明显的绩效增长，这是其广受各方欢迎的关键因素。

3. 注重用数据和事实来实现数字化管理

六西格玛管理法的核心理念是重视并依赖于大量资料来作决定的策略方式，其核心原则包括：使用事实作为基础作出判断、基于证据制定政策等。此外，该体系还利用了对机遇及其对应的问题数量——DPO(defect per opportunity，每个机会中的缺陷数)，还进一步地考虑到了问题出现的频率，即 DPMO(defects per million opportunity，每百万个机会中的缺陷数)，这使得原本无法衡量且评估的过程品质或者服务水平能够如同产品的质量一般得到度量的可能性和评定标准的可能性增加，进而为寻找改良的机会提供支持，实现减少错误或减少产出问题的目标。所以，为了达成这个目的，六西格玛管理法会运用多种计量学技巧去实施操作，让管理工作变成一门可以通过数字化的方式测算出来的学科。

4. 一种以项目为驱动力的管理策略

执行六西格玛管理法的基础是项目，通过一个接一个项目的实施来达成。这些项目通常由黑带(使用六西格玛工具并被认证的品质专家)领导并组织团队，以项目完成为目标，从而对产品或流程进行突破性改善。六西格玛管理法的应用，更多是在项目驱动下实现管理。

5. 实施对产品和流程的创新与质量优化

六西格玛管理项目的改革都具有创新性。通过这种改革，产品质量能得到显著提升，或者改进流程。因此，组织可以获得显著的经济收益。实现创新性改革是六西格玛管理法的主要特征，同时也是组织业绩增长的重要动力。

6. 有预见的积极管理

"积极"指的是对事件的发生提前采用应对措施，而非消极面对突发的问题和混乱状况。有预见的积极管理需要企业在日常工作中注意一些容易忽视的部分，形成一种惯例：设定宏伟的目标并在适当时候检查其进展情况，明确工作任务的优先级顺序，重视问题的防范措施，而非陷入解决已有问题的泥沼中不能自拔，时常反思企业的行为动机，避免盲目坚持现有的做法而不加以深入思考。因此，六西格玛管理法是一种管理方式，通过一系列工具和实践经验，用主动的、及时反馈的、有远见的、积极的方法取代那些被动惯例，推动企业在当今竞争激烈、追求几乎完美质量水平、不能有错误的环境中快速前行。

7. 遵循 DMAIC 的改进方法

六西格玛管理法的 DMAIC 改良策略是一个全方位且系统地寻找问题、分析问题并解决问题的流程。具体而言，其含义为：D(define，定义)：明确项目的目标；M(measure，测量)：对相关数据进行评估；A(analyze，分析)：深入研究数据以找出关键因素；I(improve，提升)：优化方案以提高效果；C(control，管控)：持续监控与调整，确保结果的稳定可靠。

(四)六西格玛管理法的优点

1. 提升企业管理能力

六西格玛管理法的核心在于数据和事实。过去，企业对管理的理解和对管理理论的认识主要是口头上和书面上的，但六西格玛管理法将这些都转化为了真正有效的行动。因此，六西格玛管理法成为追求完美管理方式的象征。如同韦尔奇在通用电气公司 2000 年的年度报告中所强调的："通过六西格玛管理法创造的高品质，已经显著减少了通用电气公司以往在复杂管理流程中的浪费，简化了管理流程，也降低了材料成本。六西格玛管理法的推行已经成为引领和承诺高品质创新产品的必要策略和标志之一。"实施六西格玛管理法让摩托罗拉公司有了更强大的动力追求当时看来几乎不可能实现的目标。20 世纪 80 年代初，摩托罗拉公司的品质目标是每 5 年提升 10 倍，引入六西格玛管理法后改为每 2 年提升 10 倍，实现了 4 年提升 100 倍的奇迹。国际上的研究成果表明，若公司全心致力于推行六西格玛管理法改革，每一年度都能够提升一到两个标准差，直至达到 4.7 个标准差，且不需要过多的资金投入。在此阶段，收益增长非常明显。然而，一旦达到了 4.8 个标准差后，进一步提升标准差则需对流程进行新的规划，所需投资也会增多，但此时的商品和服务的竞争优势也会增强，同时其市场份额也将随之上升。

2. 节约企业运营成本

所有的次品都可能导致浪费或需再加工，或者必须在消费者场所修复和更换，这都会使得公司的开支增加。相关数据显示，一家遵循 3σ 标准的企业因质量问题产生的费用为其营业额的 10%~15%。自 1987 年至 1997 年推行 6σ 管理法以来，摩托罗拉公司通过实施 6σ 管理法已经成功地节省了超过 140 亿美元的支出。同样，在 20 世纪 90 年代末期，霍尼韦尔仅用了一年时间便通过实行 6σ 管理法省下了高达 6 亿美元的支出。

3. 提升顾客价值

实行六西格玛管理法可以让公司在了解和满足客户需求并达到最大收益的各个阶段形成良好循环。首先，公司要掌握并理解客户的需求。接着，通过运用六西格玛管理法来减少随机性、降低错误率，从而提升客户满意度。例如在引入六西格玛管理法后，通用电气公司的医疗器械分部成功研发出一种技术，引领了医学检验技术的重大变革。过去，患者需花费 3 分钟完成全身体检，使用该项新技术后只需 1 分钟即可完成。这使得医疗机构能更有效地使用其设备，并减少了体检费用。最终，这种新方法实现了对企业、医疗机构和患者的全面满足。

4. 提升服务水平

因为六西格玛管理法不仅能够提升产品质量，还可以优化服务流程，所以对客户的服务水平也有显著的提高。如通用电气照明部门的一个 6σ 管理小组成功改善了与其最大客户沃尔玛的支付关系，使得票据错误和双方争执减少了98%，同时提升了支付速度，推动了双方合作关系的和谐发展。

5. 形成积极向上的企业文化

在传统的管理模式中，企业内部的工作人员在工作中常常会感到迷茫，无法明确工作的方向，职业生活也显得被动。当引入六西格玛管理法后，每个个体都清楚地知道自己需要达到的目标是什么，如何去实现，从而让公司充满活力与高效能。员工们对品质及客户需求的关注度极高，并且努力追求卓越，通过接受训练，学习到标准化的、流程化的解决问题的方法，使得他们的生产效率能够显著提升。有了强有力的管理的支撑，员工就可以专注于手头的工作，有效减少并消除那些需应急处理的活动。

第三章　高校教学管理概述

教学管理作为保障教学质量、推动教育创新、实现教育目标的重要手段，在高等教育体系中占据举足轻重的地位。随着教育改革的不断深化和教育国际化的快速发展，高校教学管理面临前所未有的挑战与机遇。因此，深入探讨高校教学管理的内涵、特点、现状与发展趋势，对于提升高校教学管理水平、促进高等教育质量提升具有重要的理论意义和实践价值。本章从教学管理的制度理论起源、概念与特点、原则与目标、原理与方法等方面出发，进行理论方面的总结与阐述，以此来论证当前高校教学管理工作中的系统性、复杂性、动态性和创新性，并在此基础上总结高校教学管理的整体发展态势。

第一节　高校教学管理制度的理论起源

自从学校产生以来，便产生了相应的教务管理工作。17 世纪，夸美纽斯在他的著作《大教学论》里已经开始讨论有关学习制度、课程表及课堂纪律的问题。中国的教育历史更为悠久，中国的第一本教育图书《学记》就已经提及学生的评估、管理的实施方式及日常活动的规划等一系列教育管理议题。之后，众多教育学者进一步深化并研究教学管理相关问题。当今，由于学校规模不断扩大且教学内容愈发多样化，使得教务工作变得越来越繁复，原本仅负责维护教学秩序、制定校历、决定教学科目等的单一任务已演变为涵盖教学方案、教学材料、教学品质、教学手段、教材构建、课程设计等多方面的全面与系统管理。步入 21 世纪，教学管理已经不再局限于教育学范畴，而是成为一门独立的研究课题。

一、教学管理与高校教学管理

伴随社会的进步与学校的改革，教学管理的知识结构被持续地更新、优化。

然而，关于何谓"教学管理"的问题，学者们尚未达成共识。当前，学界中主流的观点主要有："教学管理是由学校管理人员依据管理法则和教学原理来科学地安排、调配及利用教育系统的资源如人力、物资、财务、时间和资讯等，以此保障教育教学工作的有序且有效运作的决策制定和执行过程。""教学管理是为了达到教学目的而依照特定准则、流程和方式，对教学行为进行规划、组织、指导和监控的过程，其核心在于构建和维护一个优良的教育环境，让教师和学生能在教学活动中高效地完成设定的学习目标。"还有学者提出，"教学管理指的是学校按照特定的目标和规则对全部教学任务进行调整和管控，以便确保教学活动的有序且有效运行，进而成功培育出具备道德品质、智慧能力和身体健康的学生。"从这些观点来看，各学者普遍将教学管理定义为校园内部的一种隶属于微观层次的教学管理活动。

这些学者更多是从教学管理的字面意义来进行解读，在某种程度上来说是合适的，但只是狭义理解而已。从本质来看，"教学管理"不仅限于学校层面，还应包括更广泛的宏观层面，如教育行政机关对各级各类学校和其他教育机构教学的组织、管理与指导。因此，宏观教学管理可以被界定为教育行政主管部门对各级各类学校和其他教育机构教学的组织、领导、协调、控制和监督。因此，根据教育教学法则及基本的管理准则，高等教育的教学管理人员负责规划、安排、调配、监管并评估教师的教育行为及学生的学习过程，以达成高校的教学目的。应将教学管理的广义范畴界定为：不仅包含了学校的教务管理，而且涵盖了更广泛意义上的政府教育主管单位对于各层次的高等院校及其他教育实体教学活动的统筹、调度、指导、监控与监察。

高校的教学管理主要涵盖以下几个方面：制定学校的教务制度并进行规划、执行、指导与监控，以此来确立恰当的教育理念，设定清晰的学习目标；分配师资力量，筹备必要的教学资源，维持稳定有序的课堂环境，平衡各方责任，确保教学品质的提升；深入探讨教育教学与管理的原则，优化行政事务的管理方式，推动教学效率的提高；构建稳固的教学体系，保障课程运作顺畅，探索并推进教学创新；竭力激发师生的热情投入教学。因此，高校教学管理的核心在于利用有效的管理策略，遵循高等院校教学的原理，对教学活动进行全面细致的策划、安排、协同与管控，以便达成教学目的。

二、制度与高校教学管理制度

根据社会学家凡勃伦所述，"制度即人们或者社群普遍思考与处理特定关系或是特定影响的一种思维模式"。① 学者施密德指出，"制度是一系列有序的人际关系组合，它界定了每个人的权益、对他人权益的公开披露、特殊权利与义务"。② 迪韦尔热法则指出："制度是一个与社会活动紧密结合且有序运作的复杂系统，自然而然地，它的建立主要是基于这一领域内的规范和模板。"法律学者 Berman 指出：制度就是指为了实现特定的社会目标所构建出的有组织的框架设计。③ 对这个概念最具象征性的阐释来自 Douglass North，他的观点为：制度是由一系列经过明确规定且由法律法规及伦理性准则构成的行为指导原则组成，其目的是对那些试图通过提升自身福祉或是效益来获取更大收益的人们施加控制与规束。换句话讲，制度即描述了整个社群中的游戏规则或者是人造出来以限定个体之间互动方式的规定条款，简而言之即界定并设定了个体的选择范围。

"制度是一个由规则和规则系统构成的实体，其既包含了理论又体现了实际操作，而其中以线条形式呈现出的制度是最基础的形式之一。"作为培育人才的服务方式之一，高校的教学管理规章制度与国家经济发展模式、科技进步程度、教育政策及高校的培训目标紧密联系，同时还受到国家的历史观念和文化的深远影响。有效的教学管理体系对于构建稳定且有序的教育环境，确保教育工作的顺利进行，提升人才教育的品质具有关键作用。因此，高等院校的教学管理工作更多是基于制度层面的发展而不断建立起来的。

国内诸多学者主张，高校教学管理的规则构成了校园所有活动需要遵守的原则，这是对国家和政府对高等教育的指导方针、策略及规定的一种细化阐述。通过构建、执行并优化这些教学管理体系，可以使得教师的工作更有条理，同时让学生的行为变得更为标准化，这样就能确保整个学校的各项任务都能按照既定流程顺利运行。另外一类看法是，高等教育机构的教学管理体系是用来评估与评定

---

① 凡勃伦. 有闲阶级论[M]. 蔡受百，译. 北京：商务印书馆，1964：39.

② 黄恒雪. 现代大学制度下的高校校院两级教学管理的探究[D]. 郑州：中原工学院，2012.

③ 王江辉. 完善高校教学管理制度若干问题的理论研究[D]. 福州：福建师范大学，2003.

学生的知识掌握程度及其品质的标准系统。根据此种解释，我国的高等院校教学管理体系可被归纳为三个主要类别：学期制、学期学分制及学分制。对于这些基础性的分类来说，这个界定确实有一定的道理，但它也限制了高等教育机构教学管理体系的范围。还有一类学者的看法是，高校课程管理的规章制度是为了增强对教育的监管力度，确保稳定的课堂环境，并提升教育质量。所设立的教育规定、条款、规则与细节，所有教师和学生都需遵守，这是实现教学管理科学性和教务工作标准化不可或缺的基础。

因此，笔者对高等院校的教学管理体系给出如下定义：教学管理体系是以特定的教学管理思维、原则及技巧作为引导，依据高校的人才培育目标需求，对其自身的教育行为实施规划、调度、协同、监控和评估的基础框架。更为详尽的阐述，就是指高等教育的教学管理体制旨在确保其教学任务和教学职责顺利执行所必须遵循的基本流程和准则，它能调整高校的教导管理人员与学生及教师之间的互动关系，并将教学管理的理论和观点转化为实际操作形式。

第二节 高校教学管理的概念与特点

在高等教育体系中，教学管理是保障教学质量、推动教育创新、实现教育目标的重要手段。随着教育改革的不断深化和教育国际化的快速发展，高校的教学管理面临前所未有的挑战与机遇。因此，深入探讨高校教学管理的内涵、特点、现状与发展趋势，对于提升高校教学管理水平、促进高等教育质量提升具有重要的理论意义和实践价值。本节将先对高校教学管理的基本概念进行界定，明确其内涵与外延，接着分析高校教学管理的具体特点，从理论上明确高校教学管理的概念。

一、高校教学管理的概念

管理是针对特定系统的资源如人力、财务、物品及事务等方面制定规划及组织实施、指导、协同和监控的过程，也就是指通过协作工作并调整个体行动，实现集体功能的行为，其核心在于满足社会分工中对于协调的需求。管理的基本元素包括：负责管理的人员（何人主管），被管理的事项（管理的内容），如何处理两者间的关联和影响的方法（管理的方式），预期结果（为何要管理），以及外部环境因素(存在的条件)。因此，管理可以理解为在特定环境背景下，由某一人员采用某种方法对指定的目标施加影响，从而达成期望结果的一种活动或流程。

教学管理是根据教学规律和特点，对教学工作进行计划、组织、领导、控制和监督的过程。在当前的高校教育活动中，提高教学质量和办学水平是学校管理的中心任务，而教学管理则处于中心地位。因此，教学管理直接影响教学秩序和教学质量，是学校管理的核心。通过制订和执行教学计划，组织和安排教学活动，检查和反馈教学质量等方式，教学管理能够促进教学活动的有序进行。

二、高校教学管理的特点

(一)教学管理的整体性

根据体系论，结构并非各个组件简单的集合体，而是按照特定规则并结合各种部件的功能来构建以达到总体目的的一整套方案，这意味着高校要用全面视角看待教学管理工作及其周边的环境，努力寻求最优解法。高等教育的教务工作不仅受到外部社会的约束，也隶属于学校行政框架的一部分。所有的被管辖者并不独立存在，其总是在某个组织内运作且和其他相关的机构产生不同的互动关系。这种互联作用可以表现出多种方式：互相影响或限制，或为彼此间的依靠等。因此，执行高校的教学管理需要考虑的是其综合效果而不是局部效应，要关注到所有组成要素如何协作才能使之更有效率地完成使命。

(二)教学管理的有序性

高校的教学管理工作涉及多个层级与交叉领域，是学校整体管理体系的一部分。这包含从学院到班级，再到课程组别的各种管理级别，同时涵盖硕士、学士及专科学位的学生群体。此外，该工作也覆盖了高级职业培训的教学管理部分。各个层面和类型的工作间有着复杂的关系，彼此影响并互相约束。每个存在的实体或活动都具备一定的组织结构，这个结构反映出实体的成长历程。因此，在探讨教学管理工作的时候，必须全面理解各类教学管理工作的独特规律。虽然教学管理工作规模宏大且繁杂，但其运行却遵循一定的时间节奏和等级制度，由众多互联的网络化管理方式共同推进。培育优秀的人才被视为高校的核心使命，这是一个漫长的累积过程，也是持续演变的过程。总而言之，高校对人才的培养可以分为若干个阶段。一旦事物的关联结构被扰乱，其发展的层级与顺序被打破，那么必定会导致发展流程混乱。"规划—执行—检测—评估—总结"构成了教学管理有序性的实际体现。因此，有序化成为教育的核心特性，管理活动需要保持平衡、井然有序。

(三)教学管理的先行性

教导与培育是一个漫长的过程。"十年树木，百年树人"形象地阐述了教育的前瞻性和产出的时间差关系。高等教育的先驱特性及其产品效果延迟的特点使得教学管理具有领先性。高等教育教学的管理目标是根据教学目的和任务，结合学校的实际情况，为满足社会的需要和就业市场的要求，利用科学方法来预判并研究制定一定的时段内的教学活动及标准，以此作为基础制定人才的教育目标和培养方式。教学管理不仅需要关注短期的教学结果，还需要注重长远成效对社会的影响；不仅要考虑现代化的社会发展需求，还要考虑科技进步的发展方向，以更好地适应这些变化。因此我国将教育放在优先发展的关键位置上，这意味着教育必须走在前面，因此高等教育教学管理更要走在前列，因为其会直接影响学校正常的教学秩序，并且对于21世纪各高校的影响力有着重要意义。

(四)教学管理的智慧性

高校的领导层通常由各个领域的专才组成，尽管他们的身份可能不是以研究为主导的管理领域的专业人士，然而，管理人员在理解如何根据实际情况处理问题上有着卓越的能力：坚持现实主义原则并且重视事实真相，遵循事物的自然发展趋势。这些人在应对错综复杂的问题时能够清晰地梳理思路，识别关键点并在其中找到应用模式。高等院校的教学管理工作涵盖了总体课程设置的目标同现有的资源环境间的冲突、学生学习的责任与其能力间的不平衡、教师授课的责任与其自身技能上的差距等诸多方面。像师生关系的调适、实验操作的过程控制、考试评分标准的设计与评估方法的选择等问题都属于该范畴内的工作内容。此外还需要考虑一些更深层的影响要素，如校方的指导方针、教师的职业态度或对工作的投入程度等都会影响工作效率。同时还要考虑对于学生的道德品质塑造、知识水平提升乃至创造力激发等多方面的需求。因此，高校的教学管理工作需要一定的智慧，通过深入挖掘基础性的核心难题从而抓住问题的重点，然后利用好这种动态变化推进整个校园工作的高效运转，将专家学者的思考精髓和智慧运用到教学管理的科学决策中，使得高校的教学管理更具科学性。

(五)教学管理的科学性

高校的教学管理工作涉及众多内容和现实挑战，如课程设计的改善策略、提升教学生产力和教学效果的问题、教授技能提升的同时培养能力提升的难题、强化基础知识的同时强调专长领域的重要性等诸多议题，此外还包括对传统理念及新颖思维的研究探索等问题。在这样的背景下，高校应该怎样作出正确的决定？高校需要用理性态度去思考以上提到的所有问题，并运用适当的方式方法予以解决。这种理性主要体现在高校在制定教育教学方针时必须尊重教育的自然规律且符合高等院校的教育流程特性。合理的方式则是说高校的工作方法应具备一定程度上的逻辑性和有效度。因为学校行政工作的各个方面都是紧密相关的，因此有必要利用现代化的科技工具(如计算机)收集相关数据，并对整个体系实施有效监控，以便迅速了解该机构的工作状况是否偏离了预设目标，并在异常情况出现时采取相应措施，加以修正，使之回到正确轨道上来，以此保证学校的平稳运营，进而推动学生整体素质的持续提升。

第三节　高校教学管理的原则与目标

高校教学管理工作的落实与应用需要基于一定的原则与目标来进行。一方面，高校教学管理的原则能够明确高校教学管理工作的底线，让相关组织的管理人员基于底线思维来落实管理工作；另一方面，高校教学管理的目标能够让教学管理工作有明确的发展方向。可以说，原则与目标的存在有助于更好地构建起高校的教学管理框架体系。

一、高校教学原则

(一)保持科学性和思考力的平衡

科学性指的是教育内容应包含正确的理论及技巧，并且尽量体现出现代科技的最前沿成就，而思考力则意味着教师需要理解马克思主义的核心理念，并向学生灌输辩证的物质论的世界观、人生观和价值观。为了在课堂上达到科学性和思考力的融合，高校的教学管理工作必须一边教授科学知识，一边向学生传递科学的精神和正确的价值观。教师需要持续深入研究专业知识，努力提升自身的学术素养，不断提升自己的思维层次，在此基础上落实相应的人才管理工作，保持科学性与思考力的平衡，做好学生管理工作。

（二）教授知识和提升能力相结合

知识的累积和能力的进步紧密相关。能力和理解特定知识有关联，而这种理解又基于广泛的知识基础之上。教育者要保证：一是在授课过程中，激发所有学习者的认知技能，并使其保持活跃状态，包括专注度、观测技巧、记忆能力和想象力；二是在课程设计上，需要深入发掘知识点中的智能元素，以此来提升学生创新思考的能力；三是要定期引导学生基于自主学习开展探讨活动，提升其自我获取知识的能力，协助其增强对他人客观评判的能力；四是调整现行的测试方式，重点评估学生独自解析难题及处理问题的能力，同时也应考虑对学生自学的实践操作等多方面能力的培养。

（三）教师引领和学生积极参与的结合

教学过程的高效进行需要充分发挥教师的主导作用，而学生的自发探索则构成了学习取得成功的基础条件，两者缺一不可。在教学进程中，高校需要把教师的指导角色和学生的自主学习能力有效融合在一起。首先，高校教师在教学中要深入了解学生的知识掌握状况，并主动引领学生的学习方向，采取更有效的管理策略；其次，教师要擅长提问，引发学生深度的思维活动；最后，教师要鼓励学生自我驱动、热情参与学习。

（四）遵循个性化教育与全面教育的融合原则

个性化教育强调根据每个个体的性格特质及发展阶段来实施相应的教学策略和标准，而全面教育则需要考虑大部分学生的实际情况，并在课程设计上严格遵守教材规定，同时要确保两者的平衡。对此，高校在教学体制上应提供更多的选修课程，以便学生根据自己的兴趣和特长加以选择；在学科和专业方向等方面为每名学生提供施展才能的空间；严格按照教学大纲的要求和大多数学生的实际水平来授课；了解学生特点，帮助他们找到适合自己的学习方法和培养具有个性特点的智力结构；通过选修课程拓宽学生视野；为学习暂时面临困难的学生提供帮助。

(五)教师教学的实践性原则

教师在教学实践中也需要坚持实践出真知的原则，鼓励学生在理论与实践相结合的过程中掌握知识，并积极地运用所学知识去解决实际问题。遵循此原则的教师需要执行两方面的任务：一方面，教师应全面了解实际操作部分在教学过程中的重要作用，并依据课程特性，合理地设计让学生参与必要实践活动的教学步骤；另一方面，教师需关注如何将各类实操型教学内容与理论授课相融合，使得这些实战训练能作为验证、深化理论学习的手段和工具，从而持续提升教学水平。

二、高校管理原则

(一)整分合原则

整分合原则在高校的管理工作中扮演基础性和指导性的作用，体现了系统管理和高效运作的理念。整，即整体规划和把握全局，要求高校管理者从宏观角度全面审视学校的总体目标、核心使命及各项职能。分，表示科学分解与合理分工。在明确了学校的总体战略后，高校管理层需要对各项工作任务进行细致拆解和细分，将总体目标层层分解为可操作、可量化的小目标，并根据各部门和岗位的特性，合理分配人力、财力、物力等资源，建立起明确、具体的岗位责任制和部门职责体系。合，意指集成与协同。在完成任务分解和责任明确之后，高校管理的核心在于实现各部门、各环节、各岗位之间的有机整合与协同配合，这意味着在确保个体效率的同时，更要注重团队协作和系统整合，通过顺畅的信息沟通、有效的资源配置和协调机制，确保学校在微观层面的执行力与宏观层面的战略一致性相吻合，形成合力。

(二)开放与封闭原则

一方面，作为社会大系统的一部分，学校需维持对外界的敞开状态，并能实现人员的流动、物资的交换、能源的传输及信息的共享。另一方面，学校也需要设定特定边界以隔离自身与外界的影响，并对进驻校园的事物进行筛选和过滤。家庭教育工作是一个虽微不足道却极具代表性的例子。过去，高校会因处理些许琐事而困扰，但理解开放与封闭原则后，高校可以更有效地划定与学生家长交谈的范围和规则，从而优化与家庭的互动关系。例如，将公开的信息传达给家长们，但在涉及学校内的人员调配时，高校要对其保密，只需通知他们关于教育的改革趋势，无须让个体深度介入决策的过程。且由于学校是专业机构，其教育活动具备一定程度的专业性，这就体现了高校管理工作的开放与封闭原则。

（三）及时反馈原则

在企业的工作环境中，许多主管只关注完成任务而不去及时报告进展情况，他们往往直到被询问时才会意识到自己的行动并忘记了之前的工作汇报。另外一些行政人员则认为他们的职责仅仅是执行某项任务，因此无须频繁地与其他工作人员沟通交流。对于高校而言也是如此。高校的教育工作者与管理工作者的工作职能本身是不一致的，但高校的管理工作者需要由上至下落实相应的管理工作，这就需要在沟通中做好及时的反馈与交流，减少信息壁垒，消除沟通障碍，提升管理的工作效能。

（四）民主科学原则

在高校的教学管理工作中，民主科学原则是一项核心指导思想。一方面，民主性原则要求高校的教学管理工作在制度设计、决策制定、事务处理等各个环节充分发扬民主精神，体现师生的主体地位。具体表现为：一是尊重全体教职员工和学生的参与权，鼓励他们在教学管理过程中积极发表意见、提出建议，通过建立和完善教职工代表大会、学生代表会议等民主参与机制，确保各方利益诉求得到合理表达。二是推行公开透明的管理政策，包括教学计划的制订、课程设置的调整、教学质量的评价等，都应经过充分讨论，确保决策的公平公正和科学合理。另一方面，科学性原则强调高校的教学管理应遵循教育规律和管理科学原理，运用科学的方法、手段进行决策和执行。具体落实在教学管理实践中，就是要以教育学、心理学、管理学等学科理论为指导，结合信息技术手段，对教学过程、教学质量、教学资源等进行精细化、系统化管理。

(五) 系统优化原则

系统优化原则是高校管理工作中的一项重要指导原则，它强调高校作为一个复杂的教育生态系统，其管理工作应当立足于整体视角，遵循系统的内在规律，对构成高校运行的各个子系统和组成部分进行统筹规划和合理配置，以求在整体层面上达到最佳的运行状态和最高的管理效能。该原则强调高校内部各个部门、团队之间的协同合作，打破壁垒，消除信息孤岛，通过建立健全信息共享、协同工作机制，实现资源互补和优势叠加，共同推进高校整体目标的实现。最重要的是，高校的管理应具有较强的适应性和灵活性，根据内外环境的变化及时调整管理策略和实施方案，实现动态平衡和持续改进。例如，面对教育技术革新和学习方式的变化，高校应及时调整教学管理方式，引入新型教学模式和评价机制。

三、高校教学管理的目标

(一) 提升教学质量

教学质量提升是高校教学管理的核心目标。为了确保学生接受高质量教育，教学管理的开展需要从多个方面入手。首先，制订严格的教学计划和标准是基础，包括明确教学目标、构建合理的课程体系、规定教学内容和方法等。教学计划和标准应符合学科特点和学生需求，确保学生在校期间能够获得系统性的知识和技能。其次，监督教学过程的实施是关键。教学管理需要建立健全监督机制，对课堂教学、实践教学等各个环节进行定期检查和评估。通过监管机制的实施，高校能够迅速识别教学中的问题和短板，并采取适当方法加以优化。评估和改进教学效果也是提升教学质量的重要手段。教学管理需要建立完善的评估体系，通过收集学生反馈、考试成绩等信息，对教学效果进行量化评估。因此，对于高校的教学管理工作而言，其核心目标在于提升教学质量。

(二) 促进学生全面发展

学生全面发展是高校教学管理的重要目标之一，高校旨在培养知识、技能、情感态度和价值观等综合素养较高的优秀人才。为实现这一目标，高校的教学管理需要采取一系列措施，促进学生的全面发展。首先，高校应依据学生的兴趣和需求，设置更为丰富多元的课程，如必修课、选修课、实践课等。同时，还应组织各种形式的课外活动，如学术讲座、科技创新活动、社会实践等，为学生提供更广阔的发展空间。其次，高校教学管理的重要任务是培养学生的创新能力和实践能力。高校的教学管理应注重学生的实践教育，通过实践教学、实验课程等方式，将理论知识与实践结合，从而提高学生的实践能力和创新能力。同时，高校还要积极引导学生参与科研项目、创新创业等活动，激发学生的创造力和创新精神。再次，培养学生的终身学习能力也是高校教学管理的重要目标。在快速发展的社会中，终身学习已经成为对每个人的要求。高校的教学管理应注重培养学生的自主学习能力、信息获取能力和问题解决能力，让学生具备持续学习和自我提升的能力。最后，高校的教学管理要通过组织不同形式的思想政治教育、心理健康教育等，帮助学生树立正确的世界观、人生观和价值观，并培养学生的社会责任感和公民意识。

(三)促进教师的专业发展

促进教师的专业发展是高校教学管理的核心目标之一。这不仅关乎教学质量，更是教育持续创新和发展的基石。为了更好地实现这一目标，高校的教学管理需要采取一系列细致入微的措施，确保每位教师在职业生涯中都能不断成长和不断进步。首先，高校要提供系统的培训和发展机会，包括为新入职教师提供入职培训，帮助他们快速适应新的工作环境和角色；为在职教师提供定期的学科知识更新培训和教学方法培训，确保他们的知识和技能始终与学科前沿和最佳教学实践保持一致。此外，高校还应鼓励教师参加国内外学术会议和研讨会，以拓宽视野、交流经验。其次，高校要提升教师的教学水平和研究能力。高校可以建立教学奖励机制，如设立"最佳教学奖""最受学生欢迎教师奖"等奖项，以表彰在教学上取得卓越成就的教师，从而激发其他教师提升自身教学水平的积极性。同时，教学管理还应为教师提供研究支持和指导，如设立科研项目基金、配备专业的研究助手等，帮助教师更好地开展科研工作，提升研究能力。最后，高校可以通过提供晋升机会、发放教学和研究津贴、提供优厚的福利待遇等方式，鼓励教师积极参与教学改革和研究。同时，教学管理还应为教师创造一个宽松、和谐的工作环境，让他们能够全身心地投入教学和科研工作。

(四) 优化教学资源配置

教学资源是高校教学活动的重要支撑，对教学资源的优化配置和高效利用对于提升教学质量和效率具有重要意义。为了更好地实现教学资源优化，高校的教学管理需要从多个方面入手。首先，合理配置硬件设施是关键，其中涵盖教室、实验室、图书馆等基础设施的建设和升级。高校应根据学科特点和学生规模，合理规划教学空间，确保每间教室和实验室都能满足教学需求。同时，图书馆作为知识和信息的宝库，工作人员应定期更新图书资料、引进电子资源，为学生提供丰富多样的学习材料。其次，优化课程和教学资源也是必不可少的。高校应根据学科发展趋势和学生需求，调整和优化课程体系，确保课程内容的前沿性和实用性。同时，教材作为教学的基础，应选择高质量、适合学生需求的教材，并及时更新教材内容。此外，教学管理还应鼓励教师开发优质的教学资源，如教学课件、在线课程等，为学生提供多样化的学习方式。最后，确保教学资源的充分利用和高效运行。高校的教学管理应建立健全的资源共享机制，促进不同学科、不同部门之间的资源共享。同时，还应加强教学资源的维护和更新工作，确保教学资源的可持续利用。为了更好地实现教学资源优化，高校还应加强与校外机构的合作与交流，借鉴先进的教学资源管理经验和技术手段，推动教学资源的更新优化。

(五) 促进教学管理与时俱进

随着科学技术的飞速发展和教育理念的不断更新，高校的教学管理也需要与时俱进，以适应时代的发展变化。首先，更新管理理念和手段是关键。高校的教学管理应摒弃传统的管理理念和方法，引入现代管理理念和信息技术手段，如大数据技术、人工智能等，提升教学管理的效率和水平。同时，教学管理还应注重数据分析和决策支持，通过收集和分析教学数据和学生反馈，为教学改进和科学决策提供有力支持。其次，采用先进的教学技术和方法也是必不可少的。高校应鼓励教师运用现代教学技术和方法，如在线教学、混合式教学等，创新教学方式和手段，激发学生的学习兴趣。同时，教学管理还应关注新兴教育技术的发展趋势，如虚拟现实技术、增强现实技术等，为教学创新提供技术支持。再次，关注国内外其他高校教学管理的动态和趋势也十分重要。高校应与国内外其他高校加强交流与合作，了解最新的教学管理理念和实践经验，借鉴先进的管理经验，推动本校的教学管理创新。同时，还应积极参与国内外教学管理研讨会和论坛等活动，分享经验、交流心得。最后，建立灵活的教学管理机制也是必不可少的。高校的教学管理应根据时代的发展和学生的需求变化，不断调整和优化教学管理制度和流程。此外，高校还应重视学生的参与和反馈机制的构建，让他们有意愿投入教学管理，提出宝贵意见，以便为教学管理的优化提供强大支持。

第四节 高校教学管理的原理与方法

高校教学管理的原理，是指在教学管理过程中应遵循的基本规律和指导思想，高校教学管理的原理为教学管理提供理论支持和行动指南。教学管理作为保障和提升教育质量的核心环节，对其原理与方法的探索与实践，一直是教育管理者和教育研究者关注的焦点。而高校教学管理的方法，则是指在教学管理过程中采用的具体手段和措施，教学管理方法是实现教学管理目标的重要途径。笔者将在本节探讨高校教学管理的基本原理，包括系统原理、人本原理、效益原理等，这些原理将为高校理解教学管理提供理论框架。在此基础上引入高校教学管理的常用方法，如目标管理法、过程管理法、质量管理法等，以增强教学管理的科学性和有效性，为教育质量的提升作贡献。

一、高校教学管理体系的构成和架构

在高校教学管理体系中，结构功能是教学管理中应遵循的首要原理。结构-功能理论由 T. 帕森斯提出，该理论主张任何社会的核心组件都包括以下四个主要元素：一是适应环境(adaption，A)：从外部获取资源并将它们在体系内加以合理分配；二是达成目标(goal attainment，G)：设定明确的目标并且动员所需资源以完成这些目标；三是保持整合(integration，I)：在整个组织范围内平衡各个部门的关系，形成高效且协同的工作团队；四是维护稳定(latency pattern maintenance，L)：确保组织的某些特质得以持续，同时调整内部与外部的压力。相应地，每一个这样的组成部分都会有一个相应的次级单位来执行其特定功能，由此构成了这个系统的 AGIL 结构。基于此"结构-功能"理论框架，考虑系统内的投资、生产输出及其对外部因素的影响后，可以构建出高校教学管理的 AGIL 结构模型，如图 3-1 所示。

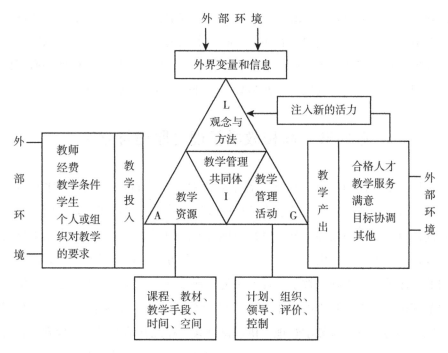

图 3-1　高校教学管理的 AGIL 结构模型

高等教育机构的管理体系构架已经扩展为 AGIL 模式，其借鉴自美国管理专家哈罗德·孔茨与海茵茨·韦里克所提出的一种管理系统解析框架。① 高校的运行与进步需要外部的支持。此类架构会接收来自环境的输入（参数和资讯），并经过组织化的教学管理工作流程——转换步骤，把各类输入转化为教学成果输出回馈给外部环境。

教育所需资源包含教职员工、资金、设施设备及对学生等各方面的支持；同时，各类个体与组织的期望也构成了教育的另一部分需求。其中一些期望可以直接融入教育教学过程中，而其他的则通过间接方式产生较大影响。所以，整合不同的期望成为教育领导者的一大挑战。外部变化是高等院校教学管理体系的关键

① 焦长庚，史小强．全民健身公共服务多元主体合作供给的逻辑解构与效能提升——基于结构功能主义 AGIL 模型[J]．山东体育学院学报，2023，39（4）：47-56.

限制因素。高等院校的教育成果涵盖了向社会提供教育服务、客户满意度及平衡各个部门和个人对教育的需求。若想让高校的教学管理体系更具吸引力，使校领导、教师和学生获得更大成功，那么就需要提供多样性的"满意服务"。除满足学生的知识获取和能力成长需求之外，还应满足他们的基础生活需求和心理需求，如归属感、尊严感和自我价值感的追求。此外，高校的另一个重要成果就是达成一致的目标。因为不同类别的人员和机构会对高校的教育及其管理工作提出各自的要求，存在目标差异乃至冲突的情况，这就需要教育管理者主动化解矛盾，调整目标和期望。而教育成果能够再次转化为教育资源，为教育教学及管理体系带来新动力，其中教职员工、学生与教学管理的满足度将会是教育教学管理系统的核心教育资源，目标的一致性能使整个系统始终保持高效运转，优质的教育服务也可能吸引当地政府和企业积极为教育投资。

二、高校教学管理系统运作原理

所有高等教育机构的教学管理系统的目标及执行这些目标的功能行为，均是在特定的教育理念与教育法则的引导下制定并实施的，都需要应用管理学理论与管理技巧。教育的运行机制是基于教育观念、教育规则、管理原则和管理策略之间的协调配合和全面利用。在教学管理的范畴中，管理原则与管理策略的贡献在于提供了工具，而教育观念和教育规则决定了采用何种管理方式。简言之，学校教学管理系统内部有如下几种关系与运作原理。

(一)高校教学管理系统运作中的关系

1. 教学过程中的基本矛盾对教学管理系统的运行状况产生了限制

教育过程是由教师根据目标规划出合适的策略并实施，旨在激发学习者的学习热情去获取新知及技巧，在提升学生的智力水平的同时，帮助其塑造正确价值观和生活态度的进程。在这个过程中存在三对主要冲突：一是学生理解能力与其所面临的学习挑战间的差距，二是教师的教授手段与其应完成的目标间的差距，三是教师与学生两者间关于学习的认知程度上的落差。因此，教学管理工作需顺从这三组核心问题的演变轨迹，并且要妥善解决师生之间的问题，平衡好学识需求和个人成长的关系等问题。为了达到教学管理效果，高校应树立起"师生互动"的核心思想理念，即把重点放在满足于学生求知的欲望上而非仅仅停留在理论层面或技术层面的追求中，从而开展全面性的教学管理工作。

2. 选择的管理方式决定了教学管理系统运行的总体效率

高等教育教学管理体系一方面受到外部社会的约束，另一方面也受到学校内部的限制。所以，影响高等教育的教学管理质量的因素非常多。这些因内外部环境及架构引发的复杂性被称为初级复杂性问题。改革开放后，无论是我国社会还是学校都在经历快速变化，使得高校的教学管理环境更复杂，约束更多。这种因环境元素和结构变动带来的复杂性，其程度和类型均超过初始阶段的复杂性，故此可以称其为二级复杂性问题。在管理学中，复杂不仅指的是众多要素和结构的混乱，还包括那些用已验证的方法无法解决问题带来的困扰。当这种情况发生时，管理者会认为"这个问题太复杂了"。对于复杂性的应对策略，决定了该系统运行的效果、适应性和效能。面对复杂性，有两种主要的应对模式：一是保持现状的适应模式，二是寻求创新预期的应对模式。

保持现状的适应模式指的是当面临环境规模扩张与元素增多，同时包含多种价值观时，高校需要采用一种减少环境元素及价值数量的方法，以降低其复杂度，并把新元素和价值纳入特定主题，依靠预设流程来解决复杂问题。系统对此类行为的响应表现为形成维护型的管理策略。维护型管理就是将新元素和价值融入已有框架，利用预先设定的行为准则应对复杂情况。这是一种基于现有模式和行动方式的管理手段，使用恒定的观点、技巧和规定，用于应对已经知晓且反复出现的状况和难题。然而，在环境元素和价值变动较大时，此种管理方式仅能够维持现状和价值体系，进而降低管理效率。

寻求创新预期的应对模式指的是一种创新能力，即在一个全新环境下采取行动并积极应对陌生情况的具体方法。所谓的"预期"意味着有能力面对可能没有前车之鉴的问题，预测未来趋势，评估当下决策及其长远影响的能力。在这个环境不断扩展、元素增多且价值观多样化的世界里，高校不能把各种元素和价值观简单地分开或简化，相反，高校要建立起这些元素之间的关联，拓宽连接，重新定义这个关系，也不能仅仅把新兴的元素和价值观归入现存模型，而是要把它们视为构建新型模型的基础材料，也不应用固定规则去解决问题，而是要根据实际需求创建新规则。与此相呼应的管理策略被称为"创新型管理"，其核心含义是在预期和参与之间达到平衡。从管理角度来看，"预期"的关键点在于挑选期待的事情并在其实现过程中提供支持，同时也要防止那些不受欢迎或是存在风险的行为发生，应当积极寻找多种解决方案。"参与"在管理工作中的意义在于确保权力和职责一致，主要体现在以下几个方面：鼓励员工作为决策者共同参与，减少过于束缚他们的条件，提升生活质量等。在创新型管理的实施过程中，预设与投入是密不可分的：如果缺乏投入，预设就毫无意义。若想让教育改革策略获得教职员工的广泛支持，仅靠决策者和部分管理人员来推动"预设"是不够的。然而，缺少"预设"的投入可能导致无果而终，有可能使得整个体系偏离正轨或陷入停滞。

在当前社会快速发展的时期，高等教育的教学管理体系正遭遇复杂挑战。为提升教学管理的总体效益，也就是其有效性、适应性和高效性，高校需要做出决策以优化管理策略。从高等教育的改革经验来看，迅速并取得显著成果的学校教学管理（及其他相关管理）系统通常采用的是创新性的管理手段，勇于尝试新的模式与程序。对于从未遇到过的新情况和新难题，高校应坚持务实精神，勇敢打破传统的思维框架、方法和模式，逐渐建立起全新的观点、方法和模式，这是高等教育教学管理体系提升运营效果的最优选择。

(二)高校教学管理系统运作原理

1. 系统化管理

高校教学管理系统运作原理的核心之一是系统化管理，这一原理强调将教学管理视为一个包含多个子系统、具有内在联系的整体。具体而言，在高校教学管理的系统化运作中，各个关键组成部分之间必须紧密关联、有机整合，以实现整个教学活动的高效运转和教育资源的最大化利用。例如高校的教学计划管理是对教学活动进行全面规划和宏观调控的过程，它涵盖了专业的培养方案设计、课程体系架构、学期课程安排等工作。高校需根据国家教育政策、学科发展趋势及学校自身特色，合理制订并适时更新教学计划，确保培养目标与社会发展需求相适应。因此，这种系统化管理的运作优势便是将上述各个管理环节纳入一个完整且有序的流程，以期达到各环节间的协同，确保高校教学工作能够平稳、高效、优质地运行，最终实现培养高素质人才的目标。

2. 目标导向

在高校的教学管理工作中，目标导向原则扮演着至关重要的角色。目标导向原则强调了教学管理的根本任务在于落实和实现人才培养目标，这是所有教学活动的核心指向。首先，高校必须明确人才培养目标。这需要紧密结合国家战略需求、区域经济社会发展情况及行业发展趋势，遵循国家教育方针政策的大方向，确保人才培养目标符合时代发展的要求。例如，培养具有扎实专业知识、较高综合素质、较强创新能力和社会责任感的人才。其次，基于国家教育方针政策和学校的办学定位，细化并设定具体的教学目标。这意味着高校应根据不同学科的专业特点，确定每门课程、每个年级甚至每名学生的阶段性学习目标，这些目标应当具有可操作性和可衡量性，为后续的教学活动提供明确的方向。最后，围绕已设定的教学目标，高校的教学管理部门需要精心策划和制订出切实可行的教学计划。教学计划应包括课程体系构建、教学内容设计、教学方法选择、教学进程安排等诸多要素，确保教学活动有序开展，有力支撑人才培养目标的实现。

3. 过程管理与目标管理结合

一方面，过程管理重视对教学的各个环节进行精细化管理，这是一种事前预防、事中控制、事后反馈的全过程管理方式。比如，在课堂教学阶段，过程管理会关注教师的教学准备、教学方法、课堂互动、作业布置与批改等方面，保证教学活动的严谨性和规范性；在实践教学阶段，会关注实验实训、实习见习等环节的设计与执行，确保学生能够通过实践操作巩固理论知识，提高动手能力。另一方面，目标管理更加关注教学活动的结果产出和教育质量的提升。目标管理是通过对教学目标的清晰设定和教学质量的标准化衡量来推动教学效果改善的一种管理策略，包括学生的学业成绩、升学率、毕业率、就业率等硬性指标，以及学生满意度、教师授课质量评价、课程及专业认证等软性指标。因此，过程管理与目标管理在高校的教学管理中相辅相成，前者着重于教学过程的细节把控与规范化运作，后者则聚焦于教学结果的综合评价与持续改进，两者的有机结合，才能真正实现教学活动的高效运行和人才培养质量的稳步提升。

4. 规章制度保障

在高校的教学管理工作中，规章制度保障是维持教学秩序、提升教学质量、实现教学目标不可或缺的基础。一套完善的教学管理制度是教学管理工作有序、高效运作的重要基石。首先，教学管理程序是规定教学活动从策划、实施到评估等一系列环节的操作流程和行为准则，包括课程开设审批程序、教学计划编制与执行流程、考试管理规程、学籍管理规定等，确保教学活动按预定程序进行，避免无序和混乱。其次，规章制度是教学管理的依据，涵盖了教学管理的所有方面。包括但不限于教师聘任与考核制度、教学质量监控制度、教学资料管理规定、学术道德规范、学生学习行为规范等，这些规章制度明确了参与者在教学活动中的权利与义务，规范了各方的行为边界，有助于营造良好的教学环境。最后，评价体系是教学管理中的重要一环，它决定了教学活动的质量标准和激励机制。通过严格的评价体系，可以及时发现并解决教学过程中出现的问题，同时也为改进教学方法、提高教学质量提供准确的数据支持和方向指导。

5. 主体与客体互动

在高校的教学管理中，主体与客体互动是一个核心运作机制，它是指教学管理主体——包括教务部门、学院行政领导、教学管理人员等，与教学管理客体——主要是教师和学生，通过双向的信息交流、决策参与和反馈机制，共同参与和推进教学管理工作。其中，信息沟通是主体与客体互动的基础。教学管理主体应及时向教师和学生传达最新的教育政策、教学要求和相关资讯，同时，教学管理主体也需要倾听教师的教学经验、困难和建议，了解学生的学习需求、感受和诉求，形成有效的信息传递和反馈渠道，确保教学管理决策的透明度和公开性。同时，反馈机制是检验教学管理成果、持续改进教学的重要手段。教学管理主体需要建立科学的评价与反馈系统，定期收集和分析教师的教学效果、学生的学习成效等相关数据，通过定量与定性的评估，找出教学工作中的优点与不足，并据此做出相应的调整和改进。教学管理主体也要鼓励教师和学生对教学管理服务进行评价和反馈，以利于进一步完善教学管理服务质量。

三、高校教学管理的主要内容与方法

(一) 教学计划管理

教学计划是高校培育人才与安排教导流程的基础。教学计划的管理职责包括：确保教育教学管理工作所设定的目标、进程和成果能符合学校的整体战略目标，同时调节各个层级的教育教学工作目标、任务和行动。是否存在一个科学且合理的教学计划，或者是否有能力有效地实施这个教学计划，关系着高校能否实现培养目标，保持稳定的教学环境等重要问题。

通常来说，一个完善的教学计划应包含学习年限、教导体系、培训目的、科目配置及各教学阶段的时间比例与课时规划、进阶步骤等。这反映了国家对于培育特定技能的专业人员的模型及对教育和教学的基本需求。这种教学计划具备明显的社会体制规定、时代特性及专业特质。不同国度、不同时期及各种专业都有各自独特的教学计划。设计或修改教学计划是一个关键过程，需要关注如下几点。

（1）教学计划必须遵循国家的教育政策，并且关注于提升学生的全面素质。如何将培养社会主义现代化的建设者和继承者具体落实到课程内容中？如何将学生全面发展的目标体现在教学内容上？这些都是制订和修改教学计划时需要考虑的核心问题。

（2）教学计划应遵循理论与实践相结合、知识灌输和智力培育并重的原则。高校需要加强对学生基础理论课程的教育，同时也需要注意强化见习、实习、实验等实践环节。

（3）在指导教师的主导下，教学计划要激发学生的积极性和主动性，应当尽量减少必修课程，增加选修课程，筛选教学内容，减少授课时间，增加学生自主学习的时间和个人发展空间。

（4）教学计划需要体现出领域的前沿发展趋势，并展现学校的独特性。展现领域的最新进展是制订教学计划的关键基础，高校应当参考国内外的类似专业的教学规划，以确保其有高的起点，并且能与国际上的相似专业进行交流互动。不能因个人而设置不同的科目，导致整个专业的形象发生变化。此外，高校可以思考如何结合学校的特殊性和个性化的教学方式，如重点关注某个或者某几个科目的设立或学生能力发展。

（5）教学计划需要保持相对的稳定，通常应该有一个完整的教育周期，随着社会进步而产生的新课程可以采用选修课的形式来设计。频繁更改教学计划，对于维护教学秩序和确保教学质量将会带来负面影响。

（6）教学计划需要匹配相应的评价系统和评判手段。教学计划并不是由教务工作者"随意决定"的结果，而是通过严谨精细的研究工作所得出的结果，当初次拟定完教学计划之后，高校需邀请专家学者对其进行深入评估。

（二）教学环节管理

教育流程由讲座、练习题目、实验室实践、学期项目设计、教学实地考察与工厂实习、考核或评估、毕业课题及职业工作和社会科研培训等多个阶段构成。

根据我国高等院校的教学管理现状，高校在执行这些步骤时，有必要重点解决以下几个问题。

（1）教学过程中的每一个环节都是紧密相连的整体中的一部分，在教学中扮演着特定角色，发挥着独特功能，不能互相取代或者偏重其一，否则会对学生全面理解知识和掌握技巧产生负面影响。

（2）调整传统的"满堂灌"式的授课方法，以增加课程中的讨论环节。当前大多数教师仍然采用这一模式，他们在教室里要么自信从容，热情洋溢，要么机械式地朗读课本，无精打采，完全主导教育的全流程。学生的反应则是被动记录笔记，跟随教师的节奏走，常常感到疲惫不堪，甚至有些学生直接开始阅读其他图书或是玩手机，开启他们的课堂"兼职"工作。理想的教育应当是一个持续互动的过程，激发学生学习的主观意愿和积极态度，而课堂讨论通常能够实现这个目标。

（3）高校应重视提升学生的实践技能，强化各阶段的教育实践。教育实践涵盖诸多方面，如观摩学习、实地操作、实验室研究、社区调研、小型论文、毕业论文等都是教育教学的重要组成部分。然而，当前很多高校对这些环节并未给予足够的关注，如大部分人文学科教师很少布置课后任务，有些学校的机构并没有设立与之对应的小型论文（课程论文）、学期论文及毕业论文的一套完整体系；同时，也有不少专业院校因为资金不足、人手不够或者管理问题而无法为学生提供必需的实操训练，从而限制了整体教育的进步。

（4）高校需要重视对于学生非课程学习的管理和指导。这些非课程的学习活动是基于学生自主安排的有益于身体健康、拓宽知识范围、开阔眼界、深化对授课内容的理解及运用的一系列活动（也被称为二类教室），包括了所有类型的研究主题活动、讲座、演说、争论、研讨等。教师应当主动策划并且参加所有类型的非课程学习活动，将其视为课堂教育的延续和拓展。如果有条件，教师应鼓励学生加入他们的研究工作，让学生通过科学研究的方式深入了解学科知识，同时也能在一个特定领域获得更广泛的认知和更深度的理解。

（三）教务管理

教学管理的核心任务是在各个学科的教学方案下，合理安排并指导各种教学行为，构建良好的学习环境。高等教育的运作就像一台复杂的大型设备在工作，每个部分都需要严格按照预定的时间、位置、速度和需求来执行。如果某个微小细节出现偏差，可能会导致整个系统的失衡，从而影响正常的教学流程。所以，教学管理工作在保持稳定的教学状态，确保教育教学活动的顺利实施上起着关键作用。

教育行政事务繁多复杂，涵盖了如学校日程安排、课程计划等常规操作，学生入学、毕业、转学、停学和退学的学籍处理，各类教学文件的记录保存，教育教学规则条例的制订及执行，教材选购和分发等教材管理工作，这些工作往往具备全员参与、全过程覆盖和全方位实施的特点。在教务管理过程中需要关注以下几点。

(1)建立畅通的教务管理渠道。有效的教育行政流程包含信息的有效传递和命令的高效执行这两个关键因素。这意味着需要确保主要的教育事件都能被快速掌握并被处理好；同时也要保证学校的相关教育教学规定及各项策略能够迅速实施到位。任何小的细节都可能影响到教育质量——如教师因病缺课或者其他突发的消息如果没有立即告知相关部门或者学生的话，就可能导致课堂秩序混乱。由于某个班级出现小小波动，往往会导致整栋建筑内的失控状态发生。

(2)执行系统化和流程化的教务管理步骤。实施规则与步骤构成了标准化的基础。高等教育面临数以万计的教育者及学生，若没有严谨的规定去限制教学活动，负责教育的个人都能够根据他们的想法处理相关事项，并且不同规定间可能存在冲突，必然会导致混乱且无法控制的情况发生。因而，所有人在一致标准下享有同等权利，这是教务管理工作中的关键准则。大部分教务任务具有一定程度的时间周期和模式特征，这对一些长期担任教务工作的老手而言驾轻就熟，然而，那些刚加入的新手老师或者初次接触的管理员却未必了解这些情况。因此，通过创建一系列的工作流程图表，能够让参与者依照流程执行相关业务，从而显著提升教务管理的效能。

(3)采用科学的教务管理方式，以符合教学运作的内在法则。教务管理的对象是人类个体，每个人的思考模式及决定策略可能有很大差异，因此难以对教师的表现做出好坏评判。通常来说，教务管理存在一定的客观法则，如编排课程表时，需要考虑如何平衡学生的学业负荷并降低课堂间的拥挤程度。首先，高校应确保各类课程得到合理分配，使得每名学生每日的学习任务相对平均且多样化，避免过于集中在一日的特定时段或一堂课的时间内。其次，针对那些具有较高理解难度和记忆需求的科目，应尽量将其安排在最适宜的时间点上。最后，为减轻课后人群流动压力，建议把同一批次的学生分散至不同的授课地点，而不是让他们离得太远，这样可以有效防止因过度的人群聚集而导致学生出现疲劳感，同时也能够预防学生迟到、早退等状况的发生。

（4）实施现代化的教务管理工作。在招生、学籍管理、课程计划及教材评价等方面，采用电脑管理的方式能显著降低错误率，从而提升教务管理的效率。由于各个学校的具体情况各不相同，教务管理的软件系统可以自主研发，也可以在已有软件基础上加以修改和优化。

（四）教学质量管理

教学质量管理被视为教学管理中最基本且最关键的部分，这需要由教学管理机构及各层级的教务工作人员持续关注并提升教学质量，将其融入教育的整个流程中。从广义上理解，高质量的管理应涵盖全方位、全体参与者与全部阶段，也就是高校所说的整体质量管控，它遵循规划、执行、审查和处置等过程的循环进行。

对教学质量产生关键作用的几个要素包括：学生自身的资质与环境，教师的专业能力、教科书的优劣及实验设施的情况，课程的管理效率。所以，教学质量管理就是运用各种方法来提升学生学习的基础和素养，调整教师团队，注重教科书编写，加强实验室构建及拓展实习场所，以增强其效能。

评估教育质量的标准主要分为主观性和客观性两个方面：一方面是学校的内部测试、检查、评分等过程产生的相对排名或者评定的级别，另一方面则是学生毕业后的职业能力、成果及为社会作出的贡献，同时包括教师对学生的基本理论素养、专长技能、实践操作能力的全面评定。

为达成教育质量监管目标，教育管理者需要持续搜集与学习成果相关的各类数据及资讯，涵盖学生期末测试、比赛结果、升学表现及定期对应届毕业生进行追踪研究的结果等。他们还需执行教学流程监督和审查，实施每学期的教学审核机制，定时或者随机地检查授课、实验课、实地训练等各个教学阶段的情况。此外，还需要针对不同的层级（如系别、学科）进行全面性的教学评价或是对单独的项目（如课程、课本、实验室、实习、毕业项目或毕业论文等）进行评分和评估。通过这些步骤，高校可以不断调整教学策略以优化教学活动，从而提升教育品质。

第四章 全面质量管理视角下的高校
教学管理工作解读

当前我国高等教育的普及程度逐渐提高，高校需要关注当前学校教学管理的不足之处。因此要根据我国的实际情况来推动高校的发展方向：一方面要更新高校的思想认识；另一方面要引入新的教育教学理论体系及现代化治理手段，如学习国外成功的案例与实践方式等，保证高校在未来的道路上稳步前进，并保持可持续发展态势。高校可以看到全面质量管理这种新型的管理理念已经在商业领域取得了巨大成功，并在全球范围内得到了广泛认可，这为国内高校管理工作的优化提供了全新视角和参考框架。

第一节 全面质量管理视角下的高校教学管理的可行性

从全球范围来看，全面质量管理理念已经在政府治理、技术技能及数据分析方面得到应用，并构建了完善的管理系统。如今，众多国家和地区不但在学校管理过程中应用这种管理模式，甚至一些无形资产企业也在采用这一策略。全面质量管理模式在美国的企业运营上取得了显著成果，证实该模式在产品质量监控及公司运作等方面具有合理且适用的价值。如著名的美籍企业家斯蒂芬·罗宾斯曾指出："这是一个正在影响各行业包括公立机构的教育改革运动——不论规模大小都必须重视产品和服务的高标准要求。"同样地，高校的领导者们会从此项举措中受益。原因在于教育的运行机制与其他的私人组织或公众领域组织的结构非常类似。基于这些观点的研究表明，国内外的很多专家教授或是专任教师均赞同利用这种综合性的整体方案来提升教育教学水平。因此在本节将深入探讨我国高等院校教学管理工作引进全面质量管理的可能性及相关因素的影响力。

一、理论可行性

（一）全面质量管理与教学管理的服务性有较高的匹配度

在当代的社会结构中，一种是以生产实体商品为主的活动，另一种则是以提供服务为主的活动。相较之下，后者的特性明显多出一些：首先，服务是由其所属机构及其员工向客户直接提供的，使得两者之间的关系更为密切；其次，服务需要实时完成，时间对于服务的价值来说同等重要；再次，消费者对服务品质有着更高的期望值，这是由于服务无法像实物一般能够被修复或替换；又次，服务质量很难界定，原因在于缺乏一致性标准，而消费者通常通过如严谨度、礼仪态度、友好程度等方面来评估服务质量；最后，服务是一种非物质的存在，因此无法像实物那样摆放在货架上加以展示。此外，服务的整个流程与其最终的结果同等关键，服务过程中体现出的质量才是真正的服务质量。

高校的教育实践与企业的运营行为相比，既存在共同点又有所不同。首先，高校的核心目标在于实现社会利益，也就是提供公共服务，这与商业机构追求盈利的目标有着本质上的差异；其次，高校教导的核心群体是有知觉且鲜活的存在——人类个体，其主要任务就是塑造价值观；再次，学校的客户群较为多元，包括学生、家长、雇主及政府部门等，部分学生甚至同时担任投资者、使用者和受教育者角色；最后，公司的客户相对集中，仅指向商品和服务的使用者。大学生由于需要接受来自多方面的教育，受校园内外的各种影响，所以他们所面临的教育挑战更为繁杂，而且难以掌控的风险因素也会更多；而公司生产的商品往往在一个封闭环境下完成，对外部环境影响有限，因而其生产过程更易于掌握。教师需要根据学生的不同特点，实施个性化教育，教师需要具备高度的质量意识和责任感；而企业产品的质量标准是一致的，每种产品都有相同的规格，质量检查就是检查是否符合规格和标准。

许多人觉得高等教育过程具有独特性，明显区别于工业或商业领域，这是由于高校的"制造物"并非实体物品，而是一群充满活力且富有思考力的学生。基于此，他们主张高等教育的实施方式与企业的生产流程有着本质差异，将公司的运营策略应用于高等院校的管理并不合适。

实际上，这是一种对于高校教育的理解偏差，即将高校教育视为制造"商品"的过程。实际上，高校的目标并非制作人类或交换人类，而是在为公众提供一项名为"教育服务"的"服务型产品"。这项服务的接受者包括学生、家长、社区、政府及教育管理机构等。所以，如果高校以此视角研究学校的教育质量管理，那么与其他产业相比，并没有什么根本性差异，如此一来，高校就找到了深入探讨高等教育教学全方位质量控制的关键入口。

高等教育不仅为其成员和社会公众提供高等级的教育支持，以实现对各层次人才的培育功能，同时还为他们提供多种特殊的服务类型及个人需求的教育解决方案，如教育科技与教育策略等，使得其性质日益接近社会服务产业。不论是国际机构或是全球贸易联盟，均把高等教育视为服务领域的一部分，"教育即服务"这个观念已被大众普遍接受。学生支付费用和参与高等教育的主要目标在于提升自己的能力并提升自己作为劳动力商品的价值。从学生角度来看，高等教育是由教授、科目、学习资源、工具等方面组成的系列服务。就像美国的知名心理学家加涅所述，"教学是一种旨在提升人类学习的职业"。高等院校的教学管理目标在于优化并提升学生作为劳动力的价值，这一本质实际上提供了某种形式的服务。在这个过程中，主导者是教师，受众是学生，这个教学管理的过程完全符合服务的定义。大学生接受的教育服务是无法触摸到的，其重点在于教学管理流程本身，而非仅仅关注他们的考试成绩或获得的学分。此外，高校的教育管理对象是有思想的人类个体，高等教育会对其发展产生影响，其中包括：学校通过教育服务来直接塑造学生，同时也让学生利用学校的资源来自行提升能力。师生共同参与构建了高等教育的核心部分，并且决定高等教育的品质。然而，因为高等教育的组成元素及其质量标准时常发生变动，所以很难找到一个通用方法去客观地衡量结果。唯一的有效指标应是学生与家长的满意度及社会需求。因此，高校可以得出结论，高等教育确实具备服务性质。

无论是否涉及全面质量管理或者 ISO 9000 系列的标准，其核心都是提升产品的品质或是服务的水平，使得全面质量管理的适用范畴得以扩大至服务业，其中也包含高等教育部分，特别是对高等教育产业化的认识已经得到了全球范围内的认同。因此，我国的高校教学管理部门有充分理由参考全面质量管理的管理理念、思维方式、文化和策略，以此来全面改善现有的学校管理体系，并消除其固有缺陷，进而推动现代教育管理的理念深入人心，为高等教育改革提供全新的管理工具。

(二) 全面质量管理的客户视角为教学管理提供了方向

朱兰指出,"客户即受到商品或者服务影响的人群"。此外,人的定义广泛涵盖了单个个体、集体及机构。全面质量管理对客户观点的基本含义在于:产品的质量由客户来评定,而评价标准则取决于其满意程度,所以,公司应把客户需求放在核心位置,尽力让他们感到满意。在全面质量管理理念中,客户视角占据至关重要的地位。全面质量管理中的客户不仅包括外部客户,还包括内部分配的产品或服务的客户。所谓的外部客户指的是那些传统意义上视为客户的人员,也就是指提供商品或服务的组织之外的接受其所提供的商品或是服务的受影响的人群,这些人是组织及组织员工在外部提供商品或服务时使用、消费或者是受影响的人群。

根据萨立斯(Sallis)的理论,全面质量管理在高校教学管理的应用中强调以客户为中心的原则,并进一步区分了高校两种类型的客户:内部与外部的消费者。其中,外部消费群体涵盖了诸如学生、家长、政府机构、社区组织、更高等级的教育机构及雇主等;而在校内,每个人都是其他人的"客户",从服务的提供者和服务的接受者的角度来定义这种关系。具体而言,教师和辅助教育工作者构成了中级管理人员的客户群,同时,他们又是高级管理人员的客户。接下来将深入讨论高等教育的全面质量管理所涉及的关键角色:客户。

1. 外部客户

在高校教学管理的视角下,外部的客户群体包含学生、家长、社区及政府和教育机构等。从高校的角度来看,学生是一个特殊的消费群体。一方面,从学习的角度看,学生需要履行他们的学业职责并接受相关课程教育,他们在评估教学质量方面起着关键作用,同时也是高等教育的受众,负有交付优质成果的责任。另一方面,从教育的角度看,学生作为直接的教育受益者,也就是直接的外部客户,高校的教学管理必须基于学生的需求和期待展开。高校的教学管理就是通过师生间的交流合作完成教学任务,实现教学目标,从而满足外部客户的需求。从这个意义上讲,学生又成为联结其他外部客户的核心环节。社区、政府则通过设定人才标准来影响学校行为,而家长们则是根据孩子的成长和心理健康状况去了解学校行为。家长们有着"盼孩子成为人中龙凤"的心态,由于深切地关爱自己的后代而格外重视学校里的教导行为。孩子的学习成果会深深触及家庭的情感世界，因此家长们对于学校教育的品质评价会决定他们在选择院校时的决策方向，从而进一步左右高校的资金流入及其财务状况。通常来说，家长们主要通过两个途径来了解或介入学校的教学管理工作：一种为直观方式——亲自前往校园同负责的管理者交流互动，如实地探访观察或跟教师还有行政工作人员讨论一下自家小孩在学校的情况等问题；另一种则较为隐蔽一些，通过在校生建立起连接点，如协助引导小辈处理课业难题或是给些建议让他们更好地融入集体生活，然而相较学生而言，家长对学校所寄予的目标期待可能会更高，其中包含的要求有如下几点：应及时响应学生的需求和服务（当学生出现困惑时能得到援助）；应当具备优秀的教授团队且拥有高质量的研究设施装备（领先的技术理论体系）；应该采用有效的授课模式使培育出来的毕业生既具有道德修养又富有智慧头脑，而且身体素质也不差，还能展现出个性和创新精神，以便应对社会变化带来的挑战。

相较与学生、家长、政府及高等教育机构之间的联系，高校与社会的关联更为复杂，原因如下：首先，从微观角度看，社会是一个众多独立个体的集合，包含个人及其工作单位（雇主），这些主体对高校的教学管理有着不同的需求和期待。雇主寻求毕业生具备全面的学识和技巧、强烈的责任感和勤奋刻苦的态度，以应对不断变化的工作场景和社会环境。其次，从社区角度来看，社区向高校提供资金支持，而高校也需要回馈社区。社区对高校也有着很高的期许，如高校的教育实践应符合社区理念，高校需与社区维持良好互动，本地高校的教学水平优秀且享有盛誉并吸引优质生源。最后，从宏观视角观察，社会是在特定社会体制下结合政治、经济、文化、科学技术的综合体，意味着高校需要满足多种价值目标——推动经济增长、文化丰富、社会和谐及科技创新。

高校是由国家或地方的教育机构创办并监管的高级学习场所，其设立与运营旨在履行公众接受知识的责任及保障个人权益的同时，应推动当地社区的社会进步和人民生活质量的提升。此外，高校也致力于提升地区发展水平以增强国民福祉，并在维护国内安全和平等方面作出贡献。因此，除学生外，教育主管部门也是高等院校的另一个重要客户群体，教育主管部门的参与有助于提高学校的教育教学管理工作效果。具体而言，这表现在以下三个层面：首先，教育主管部门在规定校内的教学工作流程及其相关规则上起到关键作用，同时也提供必要的指引，以便于校园内各项事务按照法律程序运行。其次，为保证院校能顺利开展各项工作且不受资金限制的影响，财政部门会向各高校拨款资助基础建设和其他必要开支项目，如教师工资及其他员工薪资等支出费用。最后，教育主管部门也会定期评估各类项目的投资回报率(return on investment，ROI)，从而确定是否继续支持某项计划或调整预算分配方案，以此达到最优利用现有资产的目的。总的来看，从这个角度看，教育主管部门在学校内部的管理中占据举足轻重的地位。值得注意的是，虽然教育主管部门的主要职责在于监督执行现行法令条例，但同时也在期待得到更好的结果即希望看到更高质量的人才输出，并且鼓励创新思维方式的研究方法被广泛应用到各个学科领域。

2. 内部客户

高等教育机构与其员工间的关系是一种供应与消费互动的关系。教师不仅被视为消费者也被视为生产商——当作为消费者时，教师期望通过学校获取知识技能和服务来提升自身能力或提高学校的声誉；而身为供应商则能为其带来职业机会，并且按照约定给付教师薪资福利，以便教师维持生活所需的社会保障和个人进步的需求等。同样地，从高校角度来看，教师也有同样的身份定位：既有可能是学生又有可能成为雇主。当作为学生时，期待得到校方支持，如经济上的补贴或者获取社会认可度高的人脉资源等；而作为雇主则可以利用这些优秀的师资力量去完成一些项目任务，如科研创新或是课程开发等工作内容，以此实现自身的目标，具体见表4-1。

表4-1　学校与教职工的供需关系

	教职工对于学校的意义	学校对于教职工的意义
客户	教职工希望从学校获得：待遇、地位、机遇、权利、成就感、心理满足	学校希望从教职工处获得：智力、想象力、创造力、积极性、责任心
供给者	教职工能够提供给学校的是：智力、想象力、创造力、积极性、责任心	学校能够给予教职工的是：工作、环境、个人报酬、协助个人成长、权利、地位

高等教育机构内各工作人员间都存有需求关联。高级行政人员被视为中级管理者的客户，反之亦然，中级管理者可能同时作为教师或辅助工作者的消费者，他们又可能是大学生的消费对象；大学生可能会成为教师和辅导员的服务对象，后两者则会以中级管理者为服务目标，最后，中级管理者是高级管理者的购买

方。校园内的个体都是相互依赖的消费群体。因为学生充当了联结高等教育机构与外界的纽带角色，并且教师和辅导员位于教育的核心位置，并直接面向学生提供服务，因此，学生、教师和辅导员构成了院校内最关键的内部消费者，院校的教育管理团队需要率先建立起为全体一线师生服务的观念。

高等教育提供的服务具备为个体和社会带来利益的双重特性，这使得对高等教育服务的需求呈现出两面性和多样化的特点，同时也确定了高校消费群体内部的区别和层次划分。所以，在高等院校的教育服务提供系统构建、教学实践操作和管理过程当中，必须兼顾并满足各种不同的消费者需求。

全面质量管理中的"客户"不仅是一种理念，更象征了某种操作模式，也就是企业根据供给和需求的方式去处理与其他个体、团队及组织的关系，以满足消费者的需求作为工作起点，并尽力使他们感到满意。高校使用"客户"这一名称不仅是称谓上的转变，更是工作策略的改革，视高校的教育行为如供应和服务过程，以学生需求为中心，通过这种供需关系来理解和执行教学管理工作，并且依据供需原则来解决学校内部的各类问题，以提供优质服务为目标，教育品质最后由学生来评判。全面质量管理下的客户视角被运用到高等院校的教育教学管理上是合理的且有成效的，为高校的教学管理提供了理论支持和实践指南。

实施全面质量管理的学生视角有助于确保高校教学管理的主体角色得到贯彻执行。当采用学分制度时，毕业生的成绩与其已获得的学分密切相关。若无适当的管理和引导，一些学生可能会不顾学科内容的逻辑安排，而是随意地挑选课程，只关注容易取得学分的科目，或寻找授课时间和地点都便利的课程来听讲。他们可能忽略那些严肃认真且有严格要求的教授，并视追求学分为主要的学习动机，导致他们的知识结构变得零散而不连贯，进而损害到知识系统的整体性和完备性，妨碍人才培育的目标和基础规范的达成。根据全面质量管理的客户观点，学校应在设计其教学规划和提高人才素质的过程中，考虑学生的全面发展需求，遵循因材施教原则，重视学生个体特征和创新能力的培养，并将教学效果和品质评价的标准设定为学生的满足感，而不是学业表现和学分数量，以此防止学生学习过程中出现盲目行为。我国很久以前就提倡高校教育的核心是学生本身，需要尊重学生的独特性，但这一理念始终未能完全实现的关键原因在于，学校和教师在学校教育教学过程中占据主导位置，而学生则被视为被动一方，无法参与对教学质量好坏、优劣的判断。通过应用全面质量管理的客户观念和策略，可以转变高等院校对于教学质量评估的主导者身份，使得教学质量的高低能够依据学生、家长、社区和政府等各方的意见作出决定，从而保障学生的主体地位。

另外，从客户的角度来看待问题能给高校带来一套新的思维模式及执行策略：根据需求供给来理解高校和其他个体或组织的关系。这种外部的客户观点可以引导高校清晰地认识客户多样化的情况，这便给高校的教学管理提供了有效手段去应对学校与外界的关系，即以满足客户的需求作为起点，向他们提供优质的服务，让他们感到满意，最终达到高校的教育目的和提高高校的教学水平。同时，内部分配资源的方式也能让高校意识到校园中存在的供应需求关系，因此扩大了高校在处理校内人际交往和各部门间互动时的视野。利用这个新视点，高校可以依据需求供给原则，重新调整与高校有关的人或者机构间的关系，有助于建立有序的工作环境，优化教务管理工作流程，进一步推动教学质量的提升。

(三) 高校的教学管理已采纳了全面质量管理的核心原则

根据理论推断，任何涉及使用稀缺资源以满足客户需求的事项，都可以应用全面质量管理策略。所以，全面质量管理这种方法不仅适合于制造业和服务业（如银行业务、零售店、旅馆、电信和快递公司等）这样的企业组织，同时也适合教育、医疗甚至政府机关这样的非营利性机构。关于全面质量管理策略中"四大准则"，每一条规则都有可能被用作指导中国高等教育的管理实践。

按照规定，所有成员都应被视为最大资产，并且每个人都被赋予了为公司目标作贡献的机会。每一个个体都是公司的基石，而非仅仅由专门团队来负责公司的质量管理任务。所以，通过对员工开展品质观念、工作伦理、客户至上的理念及奉献精神等方面的教育，可以激发他们的热情，这对公司而言十分重要。员工唯有拥有充足的专业知识、技巧和经历，才有可能完全投入公司运营。"全员参与管理"这一准则有助于打破高等院校当前单一制约性的教学管理模式，鼓励所有的教师与学生积极参与学校的教学管理活动。传统的教学管理方式过于依赖行政管理，过分突出少数领导者，将全体教职员工和学生仅作为受控群体，而非主导力量。由于缺少广大的支持团体，因此很难察觉出教学管理过程中的问题，导致管理变得无序且消极。如果不能提升教学效能，那么就无法确保教学质量。全面质量管理体系能够消除这种行政管理带来的约束，同时提供了一个良好的群众基础来提升教学管理效果。因此，高校的教学管理工作必须有大量的教师和学生的积极参与。全面质量管理的核心是"人本主义"，即重视每个人的尊严并鼓励全体人员共同努力。这种理念让每个层级的领导者及所有的教育工作者都能够清晰地认识到学校的教学使命与教学目标，明晰职业责任，激发其发挥智慧、创新能力和主动性，以此来提升整体的教育效果。

遵循重视客户权益的核心原则，意味着所有人在组织中都应积极参与，主动与提供服务的人群沟通交流，听取其观点及建议。毕竟，消费者才是最后的决策人。全面质量管理在于深入理解尚未完全揭示的信息，并将这种信息转化为创造新颖优质产品的商业策略。上述观点表明，高校教学管理的主要受众可以分为两个方面：一是内向型受众(即学校本身)，二是外向型受众(即广大的公众群体)。虽然政府与教育机构是最初的教育资金出资方和监管者，但随着家庭的经济贡献不断增加，学生及其父母等潜在消费者也开始关注高校的教学品质和服务水平，因为这会影响他们在人力资本上的投资回报率。因此，从家长的角度来看，防范教育投资风险变得越来越重要。为了确保高校的教学管理工作能够满足各方期望，教育从业者必须深刻领悟教育服务的核心价值观，并在这一基础之上增强服务意识，将学生、家长、教育机构和社会需求当作推动高校持续进步的关键因素，强调学生的主导角色，尊重其个性和成长规律。若高校的教务人员能持续地把学生的需求作为起点和终点来提供服务，这不仅会提升学校的品质并为学校的发展提供稳固的社会支持，还能有效使用稀缺资源，进而提高教育的效率。因此，从这个角度看，重视学生需求已不仅仅是学校发展的要求，更是国家和公众对于教育管理的期待。

坚持实施质量提升策略意味着每个机构必须不断优化产品制造流程、人力资源配置和人机交互方式等方面的工作内容与效率标准，满足客户需求，并提高他们的满意度。"质改之路没有终点站"，这是克劳士比理念中关于改善工作效率的核心观点之一。对于高校来说，这同样适用——高校不能再犹豫是否要采取行动去实现更好的效果，而是需要把它视为一种必要的手段。Husen 于 1987 年在他的文章 *On Educational Quality* 中首次提出这一观念时，就已经表明了这一点。该文强调："当高校探讨学校的教育教学成效问题之时，高校的关注焦点往往集中在了学生的考试分数上，或者是对基础课程的学习成果之上"；接着 Husen 进一步阐述道，"若仅凭学习者的测试得分就断定教育的成功程度未免太过片面化"；因此他提醒大家注意这样一个事实：评价一所院校的教育水准不仅应从知识层面上考虑，还应包括其他方面，如培养出学生良好的习惯和个人素质等因素的影响力也需被纳入考量范围。鉴于社会的变迁速度加快且公众对此类服务的需求也在日益增长，所以未来衡量高校的办学绩效的标准也将随之变得更高更严苛。为了应对外界环境的不断变迁，每所高校必须定期更新教育方针并朝更加卓越、更高质量、更大进步的方向努力。"持续的教育质量提升"应该被视为高等教育的核心任务，无论何时都是至关重要的。

首先，唯有坚持提高教育教学水平，高校才能真正满足学生的需求，让他们感到满意。学生及家长们对于学校提供的教学服务是否达到他们的预期，这取决于他们内心的期待与现实情况之间的对比。随着市场状况的转变，这些期待也在逐渐提升，因此，高校若要迎合这个趋势，就必须持之以恒地优化教育质量。只有当高校的教学水准超过了学生和家长们的期望时，才能吸引到更多的学生。其次，持续的教育质量提升也有助于强化高校的竞争优势。在知识经济的时代背景下，社会的各类知识（包含管理学）正以指数级的速度增加，雇主们对职员的专业技能特别是创新思维的要求日益增加，同时，社会和家庭也愈发重视高校提供的教育质量，如果高等院校不能继续推动教育质量的提升，就无法跟上这样的发展步伐。所以，为了跟上这个充满变革的时代并保持教育的高品质，高校需要不断优化高校的教育教学流程，包括课表安排、教材选择及讲授方法等，各个方面都需要作出相应调整以满足时代的需求，并且能够为学生提供更好的学习环境来培养他们成为未来社会的领导者。只有这样才可以使学校的知名度得到进一步提升，并在未来的发展中获得更多的发展机会，进而实现其创建全球顶尖大学的目标。

根据实际情况作出决策的原则规定了组织的管理层应该依据科学验证的结果作出决断，而不是依赖个人主观感受或者其他渠道的消息。所以，作为组织的领导人，应秉持科学的精神，利用真实的数据或可靠的信息进行逻辑推理和直观评估，这样才能够得出合适的结论、做出合适的选择。对于高校来说，教务部门的负责人在制定学校教育的发展策略、编排工作方案、设定科研任务等环节中，都需要考虑现实情况和环境因素，保证其有效性、适应性和实施可能性。更具体地说，当他们在作决策时，要遵守以下几点：首先是坚持"没有调查则无言语权"，深入实地调研，有必要的数据源，以此获取决策所需的关键一手资讯，而不该盲目相信自身的感知、经历和惯常做法；其次是对搜集到的事实与材料进行理性思考和直观评价，避免因信息传播造成遗漏和错误；最后要运用数学统计的方法，对所获得的信息进行整理和优化，以理解其中隐藏的深意，进而形成精准且高效的决策和评判。随着高等教育市场的扩大与高等教育的普及和全球化，基于事实的决策方式已成为全面质量管理的焦点问题。早在 20 世纪 80 年代末期，东北师范大学就率先实施了一种基于教授委员会集体决策基础上以院长为核心的管理制度，让教授委员会成为制订学校未来计划、学科构建及教职员工招聘的关键部门。苏州大学也采取了类似方法，其教授委员会拥有 16 名资深的高级研究人员，这样一来，直接参与教育和研究工作的教授就能对学校的关键事务进行决策。复旦大学把各个学科和专业的正高级专家学者都纳入教授委员会，因此，委员会作出的关于教学和研究方面的决议无须再经由校党委或行政领导层面的会议批准。

二、现实可行性

（一）外部环境

从计划经济转型为市场经济的过程中，高校经济环境中的资源分配方式已经发生重大变动，这同样也影响到了教育、政治与文化等方面。由于市场的快速扩张，新科技被广泛地运用于工业实践，因此行业构成持续优化，管理质量逐步提升。所以，高等院校必须依据市场上对于人才的需求来重新配置其专业的方向，扩大专业范围，改革传统的教育方法及教务制度，以便满足多元化、多层级、多种类的人才需求特征。

1992 年，第四次普通高等教育工作会议对高等教育的改革和发展提出了一套完整思路。1994 年，党中央、国务院召开的全国教育工作会议和会后国务院发布的《关于中国教育改革和发展纲要的实施意见》进一步对高等教育体制改革提出了要求，并先后出台了理科基地、文科基地、面向 21 世纪教学内容和课程体系改革计划等政策和措施。2000 年 1 月，为了实现新世纪高等教育的新发展，促进高等院校质量意识的进一步增强，重视素质教育，深化教学改革，加强教学建设，全面适应新世纪对各级各类高层次人才的需要，教育部决定在"高等教育面向 21 世纪教学内容和课程体系改革计划"取得阶段性成果的基础上，实施"新世纪高等教育教学改革工程"。2004 年 12 月，教育部在北京召开了第二次全国普通高等学校本科教学工作会议，会议总结了 1998 年第一次教学工作会议以来高等教育教学工作取得的成就和经验，围绕"大力加强教学工作，切实提高教学质量"的主题，研究了加大教学投入，强化教学管理，深化教学改革，以更多的精力、更大的财力进一步加强教学工作的政策和措施，在此基础上，研究制定了《关于进一步加强高等学校本科教学工作的若干意见》。

近年来，我国高等教育的机构变革已在诸如教学模式、行政体系、资金分配方式、录取政策及校园内治理结构等方面取得显著进步，逐渐形成了独具特色的中国式高等教育新框架。主要表现为以下几个方面：首先是教学模式的变化，从过去完全依赖政府来举办高校的方式开始转向多元化，包括企业和其他社会团体也加入高校的建设中，使得公立高校和社会力量共同参与的教育形式得以推广；其次是行政系统的调整，政府职能正在发生转变，其注重于整体管理而非微观操作，从而使高校摆脱了过去与政府部门的单一归属关系和仅有固定预算的情况，提升了高校应对多样化社会需求的能力；再次是在资金分配机制上，虽然政府提出了"三增"(即增加公共支出、增加科研经费和增加国防费用)的目标，但同时也在鼓励高校通过多种途径(比如来自社会的捐赠、企业的支持、自营业务或适度的学费收取等方式)来获得更多的教育资源，这样一来部分高校的基础设施就得到了健全；最后在录取政策上，高校采取的是国家统一招生计划和调控性招生计划相结合的形式，并且不断扩大调控性招生比例。学费体系逐渐整合，实行由学生支付学费的教育模式，同时优化奖励金、贷款与特定困境补助政策；对于管理结构而言，高校大力推动教师薪酬、工作分派、住所安排和保障福利等方面的变革，激发了全体教职员工的工作热情，提升了学校的教学效率，为提升教育教学品质、科学研究能力和经营绩效提供了助力。

高等教育的转变颠覆了传统的、固定的教育思维，激发了高等教育理念的发展和创新，引发了相关主体对高校的教导管理方式与模型的新思考；这种变化也促成了学科结构和课程框架的构建；学校的人才培育目标从专注于专长领域转向注重多元化技能的培训。因此，高等教育机构的改革有助于促进我国高等教育管理机制和教导管理政策的转型，保障我国的高等教育持续进步，并逐步提高教育质量，有助于高校管理者明确科学管理和经验管理的差异，使得教学管理改革能够顺利推进，为我国高等教育全局性的教育质量改进提供必要的外部条件。

(二) 理论支撑

高校的教学全面质量管理并非孤立概念，而是得到了教育科学、管理科学、系统科学、人才学、心理学、社会学等学科系统的理论支持和指导，为高校的教学全面质量管理系统提供了理论基础。教学的宗旨确定、目标制定、专业设置、课程设置、教学方法运用及组织建设都受教育规律的影响，而且教育科学还支持对教学运行和其他特殊规律的研究，对高校的教学全面质量管理系统的建立和运行有着重要影响。

高校的全面质量管理不仅与其所涉及的教育学科息息相关，同时也要符合质量管理的通用法则。"随着人类管理学的不断发展，其研究目标逐渐趋向广泛化，这表明了管理并非仅限于某个特定的社会领域，而是在所有生活和社会活动中都有体现，因此它已经成为一种跨越不同类型组织和人文社会的通识科学。"从管理科学的角度来看，如组织原理、需求原理、决定论、激发动机、领导力、监控理论等，甚至包括管理哲学、管理心理、管理行动等方面，都在对高等教育教学全面质量管理体系提供理论支持、架构及基本准则、主题内容、方式方法等。

作为一套相对独立的体系，高等教育的全面质量管理对于高等教育教学管理的整体而言有着关键性作用。所以，系统理论成为构建高等教育教学全面质量管理模式的基本前提。唯有以系统论角度来观察与分析高校教育教学管理的各个方面及关联互动，才有可能帮助高校的教育教学全面质量管理走向科学化。

社会学、心理学等学科也为高等教育教学的全面质量管理体系提供了一定的理论支持。作为一门探讨整个社会的构造及运作模式的社会学科，社会学主要关心人类生活所依赖的基本元素(包括自然资源条件、人种数量分布状况、经济发展情况、政府政策影响程度和社会文化的多样化)之间的相互关系；并深入探究组成这个社群的人们各种不同的阶层和生活方式，以理解他们是如何随着时间的推移而发生变化或调整自身行为来应对这些挑战。高等院校是一个微型社区，它们的教育教学全过程都处于这种小规模的环境之中，意味着高校必须密切注意那些参与教学活动的特殊人群的需求，以便更好地满足他们的期望，并且能够有效地利用教育的规则去顺应时代的发展需求从而提升学校的知名度。心理学的目标是探索人类的思维过程及原理。高等教育涵盖了活跃的人类教师与学生，他们的心境变化会影响教育成果。所以，高校的全面质量管理的关键在于激发教师的主动性和学生的热情，以挖掘他们的智慧与潜力。人才学的核心任务在于探究人类才能的发展过程、识别方法、教育方式、应用策略及未来趋势等一系列原则。高等教育的职责之一就是培育出具备优秀品质、独特个性和创新精神的学生，这不仅是人才学领域的关键课题，同时也是高校整体教育水平提升的核心议题。

创新的教育理念为高等教育全面质量管理提供了解释框架，其将会是推动高等教育全面质量管理的关键指导原则，同时也是对高等教育教学管理进行反省的有价值的借鉴材料。

高校不能一成不变地采用这些理论成就，由于每种管理理论的形成与进步都需要独特的历史背景及适应的环境条件。"实际的管理难题就是由无数可能的变化因素构成的可能性组合"，所以当高校引进并应用这些理论时，需要遵从变化原则，针对特定情况做具体的分析，吸收精华，去除瑕疵，结合自身的现实状况对现有理论作出调整，灵活使用，挖掘新意。唯有如此，高等教育全面质量管理的改良才可以在吸纳多门学科理论的基础之上，实现创新、成长和深入化。

(三) 技术支持

伴随信息时代的发展与网络化的推进，网络和信息科技已成为社会各个领域的核心力量，高等教育的信息化发展速度将会持续提升，而现代远程教育的影响力也会逐步增强。在高校，信息技术的应用不仅限于教职员工的教育方式，同时也是评估、沟通、管理和与学生互动的重要途径。基于信息技术和网络支持下的教学管理变革具有巨大潜力，高校可以全面掌握并调控校园内的各类教育和管理工作，借助信息高速公路和互联网上丰富的教育资料，高校既能实现全球范围内的知识分享，也能建立完善的信息网络系统，扩展高校的教学管理信息来源，缩小与其他管理机构的差距，推动教学管理部门的高效协同，实现教学管理的标准化和效率化。

由于互联网的飞速发展，高校人才培育方式、教学资料分配方式、教务管理及教学过程都将发生转变。积极运用先进的信息科技和网络工具来推动高校的教学管理转型，寻找新的教学管理思想不仅是趋势所在，也是提升教学品质、确保高等教育质与量的平衡发展的必然选择。现阶段，我国大部分高校对于信息网络建设非常看重，很多学校已实现全国乃至全球互联，并且拥有庞大的数据库。同时，教育主管机构也在全力创建学校的教育基础情况的数据库，我国的高校将会迎来信息网络技术的重大进步，为我国高等教育全面质量管理的实施提供技术保障。

第二节　全面质量管理视角下的高校教学管理工作的核心理念

自 20 世纪 60 年代起，由美国费根堡姆博士提出的全面质量管理理念已经成为全球公司的重要议题，并逐渐向包括商业、公共服务与教育机构在内的各个领域扩展。进入 21 世纪后，伴随公众对于教育质量问题愈发重视，美国、英国、加拿大、挪威、日本等发达国家的教育机构纷纷引入全面质量管理和质量保障制度，并将之视为优于其他现有管理系统的最佳选择。

在我国，高校已经成功引进了来自日本的全面质量管理理念，并且全面质量管理已经在我国的各高校得到了普遍使用。近年来，部分高等教育研究者开始探索如何把全面质量管理带到高等教育的范畴内。当前，高校的教育质量成为公众关注的主要问题，也是决定高校发展的关键因素。全面质量管理是现代质量控制的核心内容，实践表明，这种管理思维、策略和技巧可以为高校改革传统的教学质量管理方式提供重要参考。根据全面质量管理的基础原则，结合高校的实际情况，在高校的教学质量管理过程中，应坚持以下几个新的理念。

一、以客户为核心，建立全新的教育教学服务品质观

全面质量管理的一个基本观点和目标是"从客户需求出发，以客户满意结束"，即强调关注客户需求和市场变化，以最经济的方式提供高质量的产品和服务给客户作为组织生存的重要体现，把不断提高客户满意度和忠诚度作为组织发展的途径和永恒目标。在市场经济竞争环境下，产品和服务的质量最终由用户决定，企业的生存和发展也取决于市场和客户。因此，企业必须坚守"客户至上"的原则，深入了解客户需求，尊重客户利益，并把客户放在整个管理体系的核心位置。客户是供应链的起始点，是企业生存和发展的基础。企业必须了解和识别客户现有的和潜在的需求及期望，将需求转化为高质量产品和优质服务，满足并超越客户需求和期望，以赢得更多客户满意。

商业环境中，高校不仅被视为社会公共福利机构且也被视作经济发展的重要部分。它是一个特殊的行业——教育的供给者与消费者(也就是所谓的"客户")

关系模式下的一种特定的业务类型——高校的所有工作人员都是这个行业的核心成员，并且其主要任务是对学生的需求作出回应，以满足这些要求、解决问题或改善情况等方式去完成这项任务。这种方式通常被称为"优质的产品与良好的体验相结合"，而这正是高校应追求的目标。

随着我国高等教育大众化程度的提高和国际化进程的不断推进，学生和家长在选择接受高等教育方面有了更大的自由度，对高校教育教学服务质量的要求也在不断增加。高校需要把学生作为关注的中心，树立全新的教育服务质量理念，即以学生为本，将学生放在学校教育教学的核心位置，尊重、关心、理解和信任学生，为学生全面发展提供高质量的教育教学服务，以满足学生需求和期望。首先，在教学活动中，要突出学生的主体地位，建立平等的师生关系，采取多样化的教学方式培养学生的创新思维。其次，在教学管理方面，要通过推行学分制等方式，赋予学生更多的自主权和选择权，让学生自由选择学习年限、课程、专业或教师，发挥学生的个性特长，培养学生的创新能力。再次，学校要积极转变传统观念，不再把学生作为消极的被管理对象，要减少对学生的监管，加强咨询、指导和服务功能，将管理融入服务，理解学生需求，帮助学生实现其愿望，在心理咨询、学习指导、选课指导、就业指导和公共服务等方面为学生提供支持。最后，学校要充分尊重学生，赋予学生参与教育教学管理的权利。实施学生评价教育活动，鼓励其加入教学管理，并参与决策制定等，以充分调动其自主意识，广泛征求他们的意见和建议。同时，在学校的高等教育体系里，教师不仅是为学生提供服务的执行者，同时也是被服务的教育主体中的客户，因此学校需要对教学管理团队、各部门及后勤支持系统提出更高的期望，即必须为教师提供更加积极主动且热忱全面的服务。

作为高等教育的最后的消费者，接收大学生的企业或机构就是社会的雇主单位。为满足其需求，高校应为雇主单位输送优秀的应届毕业生。这些应届毕业生是学校的教育成果——也就是人才培育流程所产生的结果，因此毕业生的自身品质与能力也间接地体现了学校的教导能力和社会服务的质量。所以，学校必须建立完善的追踪学生情况的机制，同时也要有与公司进行双边交流及信息反馈的系统，以便能够迅速掌握社会雇主对于员工能力和学校教学工作的具体需求和期待。然后，基于这样的需求来调整高校的教育目标、专业构成、课业设计，以及教学内容。此外，还可以邀请公司的高级技师和管理者加入高校教师团队，以达到学校教育内容和客户需求之间的一致性，从而使高校的教学工作更能符合市场和社会需求。

作为高校的外部客户，同时又是主要的教育投资人和对高等教育的宏观管理机构，政府对高等院校的期望在于提供符合党和国家的教育政策的高等教育服务，并致力于为经济发展和社会进步培育大量高质量、具有创新能力的专业人士。为了满足这一要求，高校需要构建自身的教学质量控制系统；而政府和社会也应积极参与对高校教学水平的评估和监管，以内外结合的方式，确保高校所提供的教育和服务能达到预期，从而达成其人才培养目标。

二、全员参与管理，确保全面实施以人为本的管理方式

传统的质量管控主要采用"死板的方法"，这种质量管控强调构建层级分明的行政架构及固定的标准规则，忽略了个人角色的重要性及对于品控教育的重视程度。相比之下，全面质量管理则秉持"人性化原则"，优先考虑个人价值并在产品中占据首要的地位；同时非常看重大规模的人力资本的使用，并且鼓励人们去执行这些规定。高校的授课效果不仅依赖于高层级的决策者或者负责管理的工作人员，而且需要所有相关人员的合作才能达到预期成果。目前来说，"以人为核心"是现代教育教学的重要指导思想之一，旨在挖掘人们的潜力，并对他们的行为加以引导，从而激发他们全身心地投入其中，以便更好地履行自己的职责，并将整个学校的课堂教学水平推向更高层次。为了把"以人为中心、全体人员共同参与"的原则贯彻于教育质量的管理过程中，高校需要执行如下几点。

首先，高校需要强化质量教育的理念，构建学校的质量文化。从本质上讲，高校质量管理的起点是教育，终点也是教育。思想决定行动，如果高校要增强师生的质量意识，就必须让他们意识到教学质量的重要性，并且将其视为教学活动的核心标准，这样就可以提升他们在追求高质量教学中所承担责任的感觉，从而在学校内逐渐建立起每个人都关注教学质量、每个个体都在为教学质量负责的环境，创建一种基于质量价值观的、有广泛参与机制且充满团队精神的校园质量文化。这种文化的驱动力能激发全体教职员工为共同的人才培养目标而积极奋斗，使他们的行为模式从被动做变为主动做，从被迫做转变为自愿做。此外，通过开展质量教育、培训及宣传活动，高校可以帮助更多的教职员工了解一些基本的质量管理理论和改善教学质量的技术方法，以便更有效地完成自己的职责，确保或

提高教学质量。

其次，高校要构建质量管理制度以明晰角色及权利分配。全面质量管理的基础理念在于管控整个制造流程中的各个环节，这些阶段性的产品特性提升均由不同的执行人去达成或实施。每个参与人员都有其特定的职务范围内的品格保证之分担；无论是高层主管还是一般员工都需要界定其使命、权益及对应的关系划分。对于教育机构而言，教师们的授课效果直接影响学生的整体素质水平，因此需要让所有的工作人员都能理解他们自身工作的重要性和影响力，并对自身行为负责。为达到这一目的，高校需依据部门间差异化的业务性质（也就是要确保满足全体学生的学习需求）制定具体的职业定位方案：包括确定每一个特定角色的具体功能描述——尤其是那些主要的教育工作者或者行政管理工作人员，并且强调协作的重要性，同时也要严密监督考评机制的存在意义。唯有这样才能使每一项事务都可以被妥善处理，每一个人都被赋予专门的管理能力，使高校的各项工作更加规范，并在实际操作中保持高效能状态的同时，提供可靠的产品服务等级评价结果。

最后，为让全体成员能够充分发挥自身能力，并在教学管理工作中积极投入，高校需要制定高效率的管理方法。第一，理解和关注教职员工的需求；第二，创建公平且互相尊重的人际关系环境；第三，设立高质量管理组织及下属的小组，以推动大众化的高效教学管理实践。同时，激励手段的使用也应根据实际情况加以灵活调整，如使用各种类型的激励工具，如经济上的奖赏、设定明确的目标、推行民主决策制度、表达关切之情、树立典范、营造良好的工作环境，以及提供有关工作的重要信息等。

三、依据实际情况作出决策和管理，充分利用领导的影响力

传统的质量控制往往依赖于直觉、经验等方式来实施管理，然而全面质量管理需要依据实际情况执行，即确保管理的有效性和决议的合理性、目标的导向性，并且适应质量进步的现实规则。因此，高校应尽可能地减少质量管理过程中的个人判断和上级意图的影响，转而以准确且可信的数据及对信息的充分分析为基础，构建一整套完备的数据信息辨别、采集、处理和回馈体系，同时采用科学的决策流程和多样的管理策略。

基于实际的管理是高等教育中教学品质管理的核心部分。学校的人才培育目

的设定、教学方案设计、专业优化配置、课程设立及各个教学阶段的规划等教学管理工作都需要立足于了解师生的基本情况，同时需要深入研究高校的外部客户如雇主单位、政府机构等的需求数据，然后据此作出决定。所以，高校有必要构建并完善教学品质的信息采集、解析和回馈体系，其中大部分的资讯来自在校生、教师、毕业生和雇主公司。一方面，高校应利用各种方法（如测试考核、座谈会、问卷调研、课堂旁听、评分评估、学生信息员的信息反馈）来搜集教学第一线的新鲜资讯，以便为教学管理和决策提供参考；另一方面，高校应当与雇主公司和毕业生保持紧密联系和频繁沟通，实时掌握企业对高校人才培训的具体规定、看法和对毕业生的评价，同时也需了解毕业生对母校教育的评价和建议，从而提升高校的教学水平，以应对高校人才培养和社会需求的不匹配问题，以及缩小学生的学习内容与实践应用之间的差距。

全面质量管理的核心在于高级主管对于品质的投资与职责。作为全面质量管理理念的主要创建者之一，戴明坚信所有的问题都源于管理层，而非工人。针对高等教育机构来说，学校的校长或学院院长应当被视为教学质量的第一负责人，需要为提升自身的教学水平、培育高质量创新型人才承担主要责任。领导们必须始终如一地关注教学质量，积极投身于教学质量的管理活动。学校也需设立一套关于教学质量的责任制度，以确保第一负责人的质量责任得以落实。"唯有当高层领导重视质量的时候，才可能开始全体人员共同追求优等质量的过程。"学校的高级领导者的关键任务是在深入了解高校内部及外部客户的需求及人才市场资讯的基础上，制订出有关人才培养的最优化策略和长远的发展计划，设定更具挑战性的质量目标，清晰地表达对质量的承诺。此外，领导者还需定期评估执行质量方针和目标的情况，并做出相应调整和改善。在涉及质量方针等问题的重要发展议题时，也需要遵守"依据事实管理"的原则，鼓励所有人参加讨论，倾听广大教师尤其是专家教授们的建议，这样作出的决策才会获得大家的认可和支持，从而顺利实施。

四、按照全面的教学质量管理理念来进行系统建构

全面质量管理侧重于系统管理，要求用系统工程的理念和观点来全面解决质量问题。高校的教学质量管理同样是一个由多个层面和多个要素构成的复杂系统，从宏观层面来看，高校是社会整体系统中的一个子系统，其教学质量管理会

受到国家政治、经济和社会发展的影响和制约，所以需要主动适应社会发展需求，并自觉遵循党和国家的教育政策。从中观层面上看，教学质量管理与学校内部的各个层级、各部门的工作密切相关，因此需要围绕教学中心，协调各个子系统的相互关系，以提升教学管理效率。从微观层面上看，教学质量管理涉及众多教学基本要素，必须对这些要素进行全面系统的管理。因此，高校的教学质量管理不能局限于某一个部门、某一个环节或某一个要素上，而应树立起整体管理观念，站在全局高度，运用系统化和一体化方式来加以管理和决策。为此，必须注意采取以下几项措施。

一是实行全校的教学质量管理。高等教育机构是一个由众多独立部分、多个组织及多种层级组成的庞大而繁杂的实体。学校的教育者和非直接参与教育教学的员工也应以学生为中心来履行他们的职责——无论是通过提供必要的设施和服务，还是促进校园文化建设。为实现这一目标需要确保所有的相关部门和个人能够有效地协同配合起来，从而使整个系统的运行更加高效有序且有针对性，既能满足学生需求又能保障他们获得优质的学习体验，同时也能让全体成员都能从中受益。

二是实施全领域的教育质量监控。全领域质量管理理念指出，产品的终极品质由系统的各个要素共同产生，处理品质难题无法仅通过单独控制某个特定元素或阶段问题来完成，而是需要站在总体高度并多维度思考来解决这些问题。高等教育的教学质量同样是校园各类工作诸要素交互产生的结果。例如，软性层面包括招生标准、师资力量、教学方案、科目安排、教材选择、授课方式、学习氛围、科研活动等，硬性层面则包含财务预算、设施基础、技术工具、实验器材、书籍资源等。然而，决定教学质量的关键因素是四个：学生资质、教师能力、校内环境及管理效能。因此，高校应从体系化视角出发，对于所有可能影响教学品质的各项要素尤其是核心要素及其每个步骤进行全面监管和整合式构建与管理，以此达到最优效果和最高效益，从而达成高校的品质目标。

三是构建完整、有效的质量管理体系。采用整合式的策略对整个校园实施多维度的质量管理实则是一套整体的管理模式。实行全体性的、涵盖所有方面的优质化处理是基于系统的管理工作理念提出的需求。高质量的标准需要依托于完善的高效能体制来实现其可信度及效果。高标准的综合素质构建元素包含：明确的核心价值观（policy），设定具体的目标值（goals），形成一套完整的工作流程

(system)，制定详细的产品或服务计划方案(planning)，控制并降低相关费用支出(costing)，持续优化提升工作效率的方法手段(improvement)，强调文化建设的重要性及其重要作用(culture)，定期审查工作的执行情况是否符合预期标准等一系列环节构成了这一高效运作机制的基础框架部分。

五、持续不断地创新和提升，以提高教学管理水平

全面质量管理聚焦于质量的持续优化、不停歇创新及等级提升，实现对教育质量的实时监控。这一观点认为质量是动作而非状态，代表着一种持续改善的过程。对于质量而言，并不存在一个固定的标准，关键在于要以持续的方式，富有创意地推进其持续改良，避免中断，如此才能达到更高层次的质量要求并满足客户需求。由于招生市场竞争日益激烈，人才培育质量已成为高等院校生存和发展的基础保障。教育的质量是人才培育质量的核心表现形式，也是高校办学的水准和整体实力的主要标志。所以，有必要将持续改进和创新的精神融入高校的教学管理全过程，推动高校教学质量的管理由传统的"检查审核型""静态维持型"转向"改进创新型""动态监管型"。为此，需要做好如下几点。

一是建立持久发展的教育和教学质量观。高校应当重视学生的长期发展，把培育出不仅符合现今社会的需求而且也适合未来的社会所需的可持续发展人才视为高等教育的核心使命。"四位一体"是可持续发展的教育理念的核心内容。首先，高校要保证培养数量和培养质量之间的平衡；其次，高校要实现全体学生的发展和个人特色的发展的结合；再次，高校教师在教授学生基本知识的同时，也要关注其长远的学习能力；最后，高校要传承历史文化遗产，并在其中注入新元素以激发学生的创新思维。

二是采取多样化的质量提升策略。遵循以品质为导向的发展理念，制订长期计划来提升教学水准，这是确保并维持高水平教学质量的重要步骤。首先，深入推动教育改革，创新人才培育方式，大力推广全面型教育及创新型教育，是保持并提升教学质量的核心要素。其次，加大教育投资力度，优化学校教学环境，是维护并提升教学质量的基本措施。再次，强化教师团队，包含课程管理的工作人员，这是保持并提升教学质量的主要关键点。同时，革新教学管理的规章制度和运作流程，建立有效的教学质量评测和反馈系统，是基础性工作。又次，积极运用现代化科技工具和多元化的高效能管理策略，是实现并保持高质量教学效果的

有效途径。最后，营造良好的学习氛围，激发学生的主动性和自律精神，是保持并提升教学质量的必要前提。

三是坚持循环并不断优化管理。持续优化是一个周期性过程，旨在增强满足客户需求的能力。戴明循环具体分为四个阶段。第一阶段是在规划环节中，对整个质量控制流程的全面设计与调度构成了规划的核心部分，而优秀的规划往往能为成功的实现奠定基础。因此，规划必须详细且清晰明了，并且经常需要解答诸如为何、做什么、在哪里执行等问题。第二阶段是实际执行过程。当规划被确定后，必须坚决地贯彻执行，并且需要为其分配必要的人力、物质和财务支持。为了确保实现规划目标，通常会使用目标管理的方法，从高层向低层逐步细分任务，同时由基层向上反馈保障措施。第三阶段是检查阶段，主要是审查质量计划的执行情况与原计划的不同之处，寻找造成不同的原因，制定相应对策，同时根据实际情况对原计划进行修改和调整。检查方式应多样化且深入具体，不能仅仅看到表面现象。第四阶段是处理阶段，也就是对发现的问题进行适当的应对。积极实施纠正、预防和改善措施，以实现持续优化的目标。

高等教育活动的实施以流程为主导，展现出一系列逐步优化的行为模式，同时也构建了一系列的教学管理进程或者周期。在这个周期中，每个部分都紧密结合在一起，构成自规划到执行监控再到检查评价最后至改善反馈的过程序列，从而形成一个连贯且递进的闭合回路。当这个周期不断重复时，它就呈现出连续不断的特性并伴随逐级攀升的效果。这可能是由于它们之间的相互联结，如课程安排的反复修改完善；也有可能是因为内部的小型循环，如在大规模的基本学习制度下存在诸如年度、学期这样的划分。总而言之，这些不同环节间的有机联结及有序运作共同造就了教育的周期性，而这种周期性的延续则是更大范围内的循环运动的基础。这样一种无休止的循环往复，如同螺旋般逐渐升高，促进了教育教学管理的进步和教学质量的稳定提升。所以，主动利用循环方式去组织教育活动和开展教学质量管理工作，是一种确保教学质量能够长期改善和持续提升的重要方法。

六、以预防为核心，强化对全程教学质量的监管

传统的质量管理主要关注并持续强化最后的检测环节，并侧重于后期审核。然而，全面质量管理却主张品质是在制造过程中产生的，并非仅由测试决定，只

有排除劣质产品才能提升品质。高校需要从单纯依赖事后的审查转向更积极的事先预防和全程控制，始终重视提升品质，计划性地防止与主动地管理整个流程，力求做到"零缺陷"。相应地，要坚持预防优先的原则，"防患于未然"是高等教育教学质量管理的重要观念之一。教学质量更多是由预防措施来保证，而非仅仅依靠检查和评估。在教学质量管理的过程中，必须坚持预防第一的原则，同时结合预防措施和检查评估，兼顾"提前灭火"和"事后救援"，确保教学质量问题的解决发生在其出现之前或发展阶段。

全面质量管理聚焦全流程中的优质服务保障，其理念是确保每个阶段都能确保全面质量管理得到有效实施，并保持一致性的高质量标准。这不仅包括传统的产品制作检验方法，还涵盖了产品开发周期中的各个步骤：市场的调查研究、产品的设计研发、生产的预备期及购买材料开始正式加工直至最终成品出售后的客户支持和服务等一系列完整的操作程序。高等院校的教育培训过程也存在类似情况——需要经历市场分析确定专业的设立，招收学生的策略规划，课程安排，最后的结题报告或项目完成情况评估等工作内容，构成了高校提供的完整的服务体系。高校的任务就是要在所有的学习活动中始终贯彻这个原则，提升学生的学习水平。具体来看，对全程教学质量的监管可以从以下几个方面展开。

一是实现教学活动过程的规范化管理。高校应当根据教学活动阶段，尤其是重要阶段，编制相应的流程文档并且设立相关的规定条例，如教师授课准则、学生的学风规定，以及教学管理工作人员的行为规则等，以积极地建立一套有形的教学品质控制系统，并在遵循规定的原则下开展工作，防止管理工作中出现的主观任意性和领导者的个人意愿。

二是建立健全教学质量过程监控体系。高校需要构建一个检查体系。该体系应将集中性和随机性的检查、定期和不定期的抽查及教学监督与学生信息反馈相结合。此外，高校还需要设立校级、院级和系级的教学检查制度，并在整个学期的开始和结束时进行全程的动态教学检查和信息反馈。高校需要配合教育部每五年一次的"等级评审"活动来完善高校的教育质量测评机制，如学院的教育水准审查、科目评分、专业的审核、授课效果评估和毕业设计（论文）考核等。然而，评价并非最终目标，高校的任务是在评审过程中不断改进并融合建设，达到对成果检测和进程监控的高效整合。

三是评估体系。对教师、学生和教育管理者的评价，不仅要评估他们的工作成绩和表现，还要评估他们在教育过程中的道德品质、才能、勤奋和廉洁情况。评估应建立制度并与利益紧密相关。高校将全面质量管理的基本原则与高校课程的管理特性及法则结合，探索几种全新的、由全面质量管理驱动的课堂素质管控的新思维方式——它们通过对整体水平的要求而形成一个既互相关联又各自独立的组织结构体。基于此，各高校可以采取灵活且富有创意的方式，制定出独特的课业素养监管方案及相应的提效手段或技巧，推进教育教学改革并且优化高校的授课水准监控机制。

第三节　全面质量管理视角下的高校教学管理工作的基础途径

随着高等教育覆盖率的提升，高校的教务工作正承受巨大压力。全面质量管理作为一种全新的管理思想和策略，主张把学生放在首位。将全面质量管理应用于高校的教学管理工作中，不仅有助于提升教学质量和学习效果，还能促进高校的可持续发展和社会声誉的提升。本节主要阐述了全面质量管理下高校教学管理工作的基础途径，读者可以深入了解全面质量管理在高校教学管理中的重要作用，掌握实施全面质量管理的基本方法和技巧，为提升高校教学管理水平和教学质量提供有益参考。

一、树立教学全面质量管理理念

随着知识经济的到来和高等教育大众化的推进，高校的教学管理面临前所未有的机遇与挑战。传统的以行政为主导的教学管理模式已经无法适应现代高等教育的发展需求，而全面质量管理作为一种先进的管理理念和方法，为高校的教学管理创新提供了新思路。首先，高校需要确立整体的教学质量管理理念，即必须认识到教学质量对于高校的生存与发展至关重要。高等院校被视为培育新一代的专业机构，主要职责就是提升教学质量，从而培养满足社会所需、具备高水平技能的人才。所以，高校应该把教学质量的管理放在优先位置上，并将其渗透进所有教育教学活动之中，以此来保证教学质量持续进步。其次，教学全面质量管理强调全员参与和持续改进。高校的教学管理不仅是教务部门的事情，更是全校师生员工共同的责任。所有人都应具备高质量教育观念，并主动投身于教学质量管理工作，以营造学校全体师生共同努力提升教学质量的优质环境。此外，教学全面质量管理强调的是连续进步，这意味着高校需要不断地找出教学过程中出现的问题与缺失，然后对问题进行解析，提出解决方案，执行改良计划，最后确认成效。这样一来，高校就可以逐步提高教育教学水平。再次，教学全面质量管理注重客户导向和市场意识。高等教育机构的教学活动旨在培养符合社会需求的人才，因此，高校的教学管理必须密切注意社会需求和人才市场变化，以学生需求和社会需求为依据，灵活地调整教学内容和教学方法，不断提升教学的针对性和实用性。同时，高校还应与企业加强合作，了解行业发展趋势和人才需求，为人才培养提供有力支撑。最后，树立教学全面质量管理理念还需要建立健全教学质量监控和评价体系。通过全方位地观察和评估教学流程与教学成果，高校可以迅速找出教学过程中的问题和不足，为提升教学品质提供强有力支持。同时，通过评价结果的反馈和激励，激发教师和学生参与教学改进的积极性，实现教学质量不断提升的良性循环。

二、形成教学工作的质量管理目标

全面质量管理框架下，高校教学管理工作的目标不仅是完成教学任务，更在于通过系统化和结构化管理，确保教学质量的持续提升。高校教学工作质量管理目标的形成，需要紧密结合高校的教育使命、人才培养定位及社会发展需求。首先，设定质量管理目标时应符合 SMART 原则(specific，具体；measurable，可衡量；attainable，可实现；relevant，相关性；time-bound，有期限)，即要求目标具体可描述、可衡量、可实现、相关性强，且有时间限制。目标不仅要清晰明确，还需要有可衡量的标准，能评估完成进度和成果，同时必须与高校的整体发展目标和人才培养计划相关，并在合理时间内完成。其次，高校教学工作的质量管理目标应包括以下几个方面：一是教学质量提升目标。明确教学内容的更新、教学方法的改革、教学评价的完善等方面的具体目标和措施，以提高学生的学习效果和满意度。二是教师发展支持目标。制订教师培训计划，提升教师的教学能力和研究水平，同时建立激励机制，鼓励教师参与教学改革和学术研究。三是优化教学资源目标。合理利用教室、实验室、图书馆等资源，确保教学条件的不断改善。四是学生发展促进目标。关注学生的全面发展，为其提供多样化的课程和活动，培养学生的创新精神、实践能力和社会责任感。五是提升学生的社会适应力。高校应深化与社会的互动，掌握职业发展的方向及人才的需求，修订专业选择和课程设计，以提升学生的工作竞争力和社交适应度。再次，要想实现高等教育的全面质量管理控制目标，全体师生需要积极参与。高校应利用宣传教育、培训讨论等方式来增进所有人员对于全面质量管理的理解和认可。同时，建立健全目标管理机制，包括目标制定、分解、实施、监控和评估等环节，确保目标的有效落实和持续改进。最后，高校教学工作的质量管理是一个动态过程，需要不断修订和完善管理目标。高校应定期对目标进行评估和反思，根据社会需求和学校发展的变化，及时调整和优化目标体系，以保证其时效性和针对性。

三、全员参与教学质量管理工作

全面质量管理框架下，高校的教学质量管理工作不再仅仅是教务部门或少数管理人员的职责，而是需要全校师生的共同参与和努力。全员参与不仅体现了全面质量管理的核心原则，也是提升高校教学质量、实现教学目标的重要途径。首先，全员参与能够形成全校共同关注教学质量的氛围。当每一个成员都意识到自身工作与教学质量息息相关时，其会更加投入地履行职责，积极参与教学质量改进活动。这种全员关注的氛围能够激发每个人的责任感和使命感，形成提升教学质量的强大合力。其次，全员参与有助于发现和解决教学问题。教学问题往往隐藏在日常的教学活动中，只有身处其中的师生才能及时感知和发现。通过全员参与，可以建立起一个广泛的信息收集和反馈机制，及时发现和有效处理教学问题。同时，不同角色的参与者可以从不同的角度审视问题，从而提出更加全面、深入的解决方案。最后，全员参与能够促进教学资源的优化配置。教学资源是高校教学工作的重要支撑，其配置和利用效率直接影响教学质量。全员参与可以让师生更加准确地了解教学资源的需求和利用情况，实现教学资源的合理配置和高效利用。同时，全员参与还能够激发师生对资源的保护意识，减少资源的浪费和损失。

四、实现对教学管理工作的全过程管理

高校的教学管理工作需要实现全过程管理，即从教学计划的制订、教学过程的实施、教学质量的监控到教学评价的反馈，每一个环节都需要精心组织、周密

安排和有效管理。全过程管理旨在确保教学质量的持续提升，满足学生和社会对高等教育的期待。首先，实现全过程管理需要建立完善的教学管理制度和流程，包括明确各个管理环节的责任主体、工作内容、工作标准和时间节点，确保教学管理工作有章可循、有据可查。同时，高校还需要建立灵活的教学管理机制，以适应教学改革需要和社会发展变化。其次，全过程管理需要强化教学计划的制订和实施。教学方案是高校教育活动的蓝图，包含教学目标、内容、手段及评估等核心因素。在设计教学方案时，必须充分考虑到学生需求、社会期望，保证教学方案的科学性与前瞻性。在教学计划的实施过程中，需要加强教学过程的监控和管理，确保教学计划的顺利执行。再次，全过程管理必须重视对教学质量的监控和评估。教学质量是高校教学管理工作的关键，也是全过程管理的核心任务。高校需要建立健全教学质量监控体系，通过定期的教学检查、教学评估、学生评教等方式，全面了解教学质量的现状和所存在的问题。最后，全过程管理还需要加强教学评价的反馈和应用。教学评价是教学管理工作的重要环节，它能够为教学改进提供有力依据。高校需要建立科学、客观、公正的教学评价体系，确保评价结果的准确性和可靠性。同样，高校还需要构建一个教学评估的反馈体系，以便将评估结果及时传达给教师和学生，让其能够了解自己在教学过程中存在的优点与缺陷。此外，还需要将评价结果应用于教学改进和奖惩机制中，激励教师和学生不断提升教学质量和学习效果。

五、实现全要素质量管理的落实与保障

高校的教学管理工作不仅要注重全过程管理，还要实现全要素质量管理。全要素质量管理意味着高校需要对教学工作中的所有要素进行全面、系统的质量管理，确保每一个要素都符合质量标准，从而为提升整体教学质量提供有力保障。首先，实现高校全要素质量管理的落实需要明确质量管理的要素范围。这些要素包括但不限于师资力量、教学资源、教学方法、教学环境、学生管理等。高校应对这些要素进行全面分析，明确每个要素的质量标准和要求，确保每个要素都能为提升教学质量作出贡献。其次，实现高校全要素质量管理的落实需要建立健全质量管理体系，包括制定质量管理政策、明确质量管理目标、建立质量管理流程、制定质量标准和质量评估指标等。高校应确保这些管理体系的科学性、合理

性和可操作性，为全要素质量管理的实施提供有力支撑。再次，实现高校全要素质量管理的落实需要强化质量管理的执行和监督。高校应建立健全质量管理执行机制，确保各项质量管理措施能够得到有效实施。同时，还应加强对质量管理工作的监督，通过定期的质量检查、质量评估和质量审计等方式，确保各项质量管理措施能够得到有效执行，并能够取得预期效果。此外，实现高校全要素质量管理的落实还需要加强对师生质量管理的培训。高等院校应加强对教职员工的培训，以提升其质量意识和质量管理水平。同时，还应加强对质量管理的宣传，使全校师生都认识到全要素质量管理的重要性，共同营造全员参与、共同关注质量管理的良好氛围。最后，实现高校全要素质量管理的保障需要建立完善的激励机制和奖惩制度。高校应通过设立奖励基金、表彰优秀教学成果等方式，激励师生员工积极参与质量管理活动，不断提升教学质量。同时，还应建立严格的奖惩制度，对在质量管理中表现突出的个人或团队予以表彰和奖励，对违反质量管理规定或造成教学质量问题的行为给予惩罚。

六、做好教学全面质量管理监控工作

高校教学工作的监控是确保教学质量持续提升的关键环节。做好高校教学的全面质量管理监控工作，不仅需要对教学过程进行全面、系统的监督，还需要建立科学、有效的监控机制。首先，做好高校教学的全面质量管理监控工作需要明确监控对象和范围，具体涵盖教学规划、课程内容、教育手段、教育资源及教育评估等多个层面。高校应建立完善的监控体系，确保每个教学环节都得到有效的监督。其次，建立科学、有效的监控机制是做好全面质量管理监控工作的核心，包括制定监控标准、明确监控流程、建立监控团队、制订监控计划等。高校应根据自身的实际情况和教学特点，制定符合自身需求的监控机制，确保监控工作的科学性和有效性。在监控标准的制定上，高校应参考国内外先进的教学质量标准，结合实际情况，制定符合自身特色的教学质量标准。再次，还应根据教学改革需要和社会发展变化，不断更新和完善监控标准，保证其时效性和前瞻性。在监控流程的设计上，高校应确保监控工作的系统性和连续性。从教学计划的制订到教学评价的反馈，每个环节都应纳入监控范围，形成闭环监控体系。在监控团队的建设上，高校应选拔具有丰富教学经验和专业知识的人员打造一支监控团队。最后，还应加强对监控人员的培训和管理，增强其责任意识。在监控计划的制订上，高校应根据教学计划和教学特点，制订详细的监控计划，明确监控的时间节点、监控的方式方法、监控的内容指标等，确保监控工作的有序进行。此外，高校应建立完善的数据收集系统，收集教学过程中的各种数据和信息。高校通过对这些数据进行解读，能够立即找出教学中的问题和缺陷，为教育改革提供强有力的支持。

第五章 全面质量管理视角下高校教学 管理模式及经验

随着时代的不断进步和高等教育改革的渐趋深化，高校的教学管理工作面临前所未有的机遇和挑战。在整个高等教育体系中，教学管理工作的质量直接影响人才培养的成果和教育资源的利用效率。因此，基于全面质量管理视角下阐述高校的教学管理模式及经验，不仅有助于高校更好地认识和理解当前的教学管理现状，还能为未来的全面质量管理下的教学管理改革提供有益参考和借鉴。在本章，笔者将从全面质量管理视角下高校教学管理模式以及经验两个方面来阐述，通过对这些方面的深入探讨，力求呈现出一幅全面、客观、深入的高校教学管理工作发展现状图景，以期为高校的教学管理改革提供有益的启示。

第一节 全面质量管理视角下的国外 高校教学管理模式

教学管理作为高等院校运行的核心环节，其质量和效率直接影响高校的办学水平和人才培养质量。全面质量管理作为一种先进的管理理念和方法，以其系统性、全面性和持续改进的特性，为高校的教学管理提供了新的思路。特别是在全球化背景下，高等教育日益成为国际竞争中的重要领域。国外高校的教学管理作为提升教育质量和推动教育创新的重要手段，其发展状况与特点对于我国高等院校的教学管理具有重要的借鉴意义。目前，世界各国的教学管理制度形式各异、多种多样，这也就使得各个国家或地区在建设与发展过程中，形成了不同特征的全面质量管理模式与特点。

一、美国高校的全面质量管理模式

(一)美国高校的全面质量管理模式：学分学时制与选课制

在美国教育制度发展初期，美国的学分学时制度是作为衡量学生学习成果的工具，后来演变为对教师职责的评估标准，并进一步转化为内部预算和外部数据报告的衡量依据。1869 年，哈佛大学的校长 Charles W. Elliot 向大众阐述了其对于课程选择制度的态度与看法。在他看来，课程选择制度不仅能激发学生的积极性和参与度，还能让他们通过这个途径去发掘并探索自己真正热爱且擅长的学科领域。直至 1872 年年底，所有本科生必须完成的高阶科目被全部废除。高校起初以学科为基础来衡量学习进度，并通过相应的学习时间单元予以确定。1877年，密歇根大学的教学大纲明确指出，完成至少 24 门或者 26 门完整课程是获得学士学位的基本要求。这种成绩评估方式基于通用的时间标准，累计或实际操作的课程数量则构成了一种全面的教育体系。

为满足大众对多元化和灵活性的大学课程的需求，以更好地匹配高中毕业生的各种爱好，高校的教学内容在此基础上得到了丰富与发展，这不仅提升了大学的吸引力，还引发了一系列新的课程开发。与此同时，学生们对知识进步的要求在不断增加，随着越来越多的人选择接受高等教育，如何有效地分配学习资源显得尤为关键。此外，高校关于管理的策略、预算是怎样制定的及如何有效地实施监控等方面的技巧也有所提高。因此，从美国高校的全面质量管理理念在教学管理工作中的应用来看，其教学管理模式逐渐由学分学时系统和选课系统结合构建而成。通过对学分学时系统及选课制度历史变迁的研究，可以看出这两个独立且各有其功能的系统之间存在一定的联系。起初，学分学时系统主要应用于高中阶段，然后快速扩展至大学，进一步强化并优化了大学的课程选择制度。

(二)美国高校的全面质量管理模式的价值

从美国学分学时制与选课制的应用来看，其应用更多的是将学生视为市场中的"客户"，并且以客户为导向开展教学管理工作。该应用主要具有以下几个特点：一是提升教育质量。全面质量管理强调质量的持续改进和全员参与，这一理念在美国高等教育学分学时制与选课制中的应用，使得学校能够更加系统地审视和改进教育教学过程,通过收集和分析学生的学习数据、教师反馈等信息,学校可以及时发现教育教学中存在的问题,并采取相应的措施改进,从而提升教育质量。二是满足学生个性化教育需求。学分学时制和选课制为学生提供了广泛的课程选择和个性化的学习路径。通过实施全面质量管理,使得学校更加注重学生的个体差异和需求,通过提供多样化的课程和学习资源,满足学生的不同学习需求。同时,学校还可以通过建立反馈分享的机制,及时了解学生对课程的反馈,从而不断改进和优化课程设置,提高学生的学习满意度。三是促进教师的专业发展。全面质量管理强调全员参与和持续改进,这也促进了教师的专业发展。学校可以通过组织教师参与教育培训、分享会等活动,提高教师的教育教学能力和质量意识。四是可以增强学校的竞争力。通过实施全面质量管理,使得学校能够更加注重教育教学的质量和效益,提升学校的整体竞争力。且实施学分学时制和选课制,学校可以为学生提供更加灵活和个性化的学习体验,吸引更多的优秀学生前来就读。如今,许多知名大学如哈佛大学、哥伦比亚大学等相继引入了全面质量管理理念,以改进教育教学的各个环节,提高教育质量。

(三)美国高校的全面质量管理模式的特点

美国高校的教学管理模式主要是在全面质量管理理念指引下形成的教学管理模式,具有以下几方面的特征:一是美国高校拥有独立的教学管理权利,包括课程设置、教学策略和学历颁发准则等方面。这种自主决策和学术自由的环境鼓励学校创新教学方法和管理模式,以适应不同学生的需求。且全面质量管理理念强调全员参与和持续改进,鼓励学校根据反馈数据进行教学管理的优化,这也体现出其教学管理模式与全面质量管理理念的契合之处。二是在美国高校中,教师主导教学过程和学术评价,同时,政府通过制定相关政策和标准对高等教育进行监管。而且全面质量管理理念强调对教师教学和学生学习过程的全面监控和评估,以确保教学质量的持续提升,美国的这种教学管理模式也印证了整个社会对学生学习工作的全面监督与管理。三是美国重视个性化教育与市场调节的全面结合,这也与全面质量管理的理念不谋而合。美国社会重视学生的个性发展,市场需求也影响着高等教育的发展方向。高校通过灵活的教学管理模式和多样化的课程选择,满足学生的个性化需求。可以说,全面质量管理理念在美国高等教育学分学时制与选课制中的应用特点主要体现在对基础知识学习的重视、知识领域的扩大与选择自由度的提供、教育计划的灵活性及多样教学管理模式的融合，这些特点使得美国的高等教育能够更好地满足学生的个性化需求，提升教育质量，实现教学管理的持续改进和优化。

二、日本高校的全面质量管理模式

(一) 日本高校的全面质量管理模式：学分制

第二次世界大战之后，日本对大学的教育教学进行了多次改革。首先是在学科安排上从传统的"两年制两阶段学习法"转向"四年的连续式学程"；其次是对基础科目如语言与信息技术等方面的关注度提升；再次就是强调学生的主体地位来优化课堂结构及活动设计，以此激发学生的主动参与热情，增强学习的有效性和品质感；最后则是通过激发教师们的授课意愿，逐渐改善过去侧重于科学实验而忽视实际操作的情况，这有助于高校更好地理解为何要借鉴企业经验去推动高等院校实现基于全面素养培养为主导的高级人才培育策略的发展。自20世纪90年代初期开始，日本的高等教育开启了新一轮的转型，主要以高校内的自我调整为主导力量，包括课程内容与管理的全面改进，其中明确指出三条重要的路线来促进学校内外教育教学质量的提升：一是确定独具风格的教育内容及规划多样且丰富的课堂安排。各所高校依据自身的教学观念及目标，来确定学科设置，以满足学界和社会需求，从而提升整个高等教育的质量水平，并在培育符合时代需求的高素质人才方面发挥积极作用。二是增进和丰富学生的学习体验。为激发学生的学习积极性，培养学生适应国际化和信息化发展的能力，提升学习效果，高校需要不断丰富教学内容，改进教学方法，革新教学管理制度，强化图书馆等教学基础设施建设。三是重新定义普通教育与专长教育之间的关系。普通教育的核心理念和目的包括：不仅要提供专业的学科知识，还需让学生从中学到广博的知识并培养其独立研究的习惯，提升学生的整体思维技能等。

(二) 日本高校的全面质量管理模式的价值

第二次世界大战后，日本的高等教育界经历了深刻的教育革新，其中学分制的改革尤为显著。这一改革不仅重塑了日本高校的学科结构和课程设置，也为学生提供了更加灵活和个性化的学习路径。同时，全面质量管理理念的引入，进一步提升了高校的教学管理水平和教育质量。首先，传统的"两年制两阶段学习法"被"四年的连续式学程"取代，使得学生能够在一个更为连贯和系统的学习环境中逐步深化对专业知识的理解和掌握。其次，日本高校对语言、信息技术等基础科目的关注度显著提升。这些基础科目不仅为学生提供了必要的知识和技能，也为学生未来的学习和职业发展奠定了坚实的基础。再次，是学生主体地位的凸显。在教学改革中，日本高校注重优化课堂结构和活动设计，以激发学生的主动参与热情。通过引导学生积极参与课堂讨论、实践项目等活动，不仅提高了学生的学习兴趣，也增强了他们的实践能力和团队协作能力。最后，日本高校重视教师的授课意愿和教学质量。高校通过为教师提供培训和支持，鼓励教师改进教学方法和手段，注重实验操作和实践教学，以提高学生的综合素质和创新能力。可以说，日本的学分制作为高校主体的教学实践模式，在一定程度上充分应用了全面质量管理的理念，以此来从多个角度全面提升教学质量。

（三）日本高校应用全面质量管理理念的特点

在回顾过去日本高校的教改历程时，可以看到全面质量管理理念在教学管理中的广泛应用和显著特点。一是实现了课程的整合性设计。日本高校通过实行"四年一贯"的课程模式，将通识教育与专业教育有机结合，实现了课程设置的整合。这种整合性课程设计不仅打破了传统"二二分段"的局限，还通过创造全新的课程分类和内容，促进了知识的综合性和连贯性。全面质量管理强调的系统性和整合性在此得到了充分体现。二是重视实用技能培养。在外语教育和信息处理教育方面，日本高校注重培养学生的实际使用能力，而非仅仅关注理论知识。这种重视实用技能培养的教学改革，符合全面质量管理中客户导向的原则，即满足学生和社会对实用技能的需求。三是日本高校在教学方面贯彻"以学生学习为中心"的理念，通过小班教学、基础课程研讨班等方式，激发学生的学习热情，提高教学效果和质量。这种以学生为中心的教学模式，体现了全面质量管理中全员参与和持续改进的精神。四是日本高校根据学生的个体差异和高中学习情况，采取针对性的教学策略，为学生提供个性化的教育服务。这种关注个体差异的教学管理，有助于满足学生的不同需求，提高教育满意度，与全面质量管理中的客户满意原则相契合。

三、西欧高校的全面质量管理模式

(一) 西欧高校的全面质量管理模式：多元课程制

英国只有少数大学采用学分制，也就是课程单元制。一个课程单元相当于 60~70 小时的授课时间或 150 小时的实验课程。有些学校在前两年采用学年制，第三年开始则以绩点为计算单位，必修课和选修课的学习成绩不得低于 20 绩点。以帝国理工学院航空工程系为例，该系的本科生有 47 门课程可选择，其中 80% 为必修课，20% 为选修课，且选修课为指定选修，没有自由选修课。近年来，英国大学逐渐增设了很多选修课，教育计划也更加灵活，一些传统大学也开始试行学分制。

法国只有部分综合性大学在本科阶段采用学分制，法国的高等专科学校为保证教育质量一直没有采用学分制。法国的大学教育分为两个阶段：第一阶段为两年的基础教育，大部分课程为基础课程，只有少数课程涉及专业知识；第二阶段时间为两年，专业性逐渐增强，有些学校采用学分制，有些则改为证书制。例如，巴黎第四大学的现代文学专业学士学位要求完成三个必修证书和一个选修证书。近年来，法国的高等院校在教学管理中采用了弹性策略，如允许学生经过申请可以在本校或者其他学校的学习项目之间切换，从而获取两种证书(双学历制度)。此外，这些高校还实施学分转换机制，使得外部学分在学校内部也具有同等效力。然而，尽管法国的高等院校在管理方式上较为宽松，但在质量管理方面依然保持严格要求，通过高的淘汰比例确保其质量。据统计，法国大学的第一阶段有超过一半的学生被淘汰，第二阶段的淘汰比例也在 30%~40%。

德国并没有使用学分体系，而是选择了课时系统或每周授课时长的方式。由洪堡(Humboldt)所提出的"教学自主权"及"学习自主权"至今仍然是德国高等教育的核心准则之一，这也导致德国的高等院校的教学管理工作具备一定的弹性。每所大学都依据自身特色制定教育方案，明确各个学科需要掌握的核心知识和必修实操内容，但并不强制采用具体的操作方法，让学生能够自行规划自己的学业进度。所以，通常情况下，德国大学生毕业所需时间会比预定时间稍长，有些学生可能需要花费 8~9 年的时间才能完成本科阶段的教育。虽然选课制度起源于德国，但并未在这里发展壮大。德国非常注重考核，通过测试来保障毕业生的素质水平。总体来看，德国的高等教育机构在教学管理工作中成功地实现了形式上的自由灵活性和实际要求的严苛的结合，这不仅得到了国内外的广泛认可，同时也为社会提供了高质量的教育服务。

(二) 西欧高校的全面质量管理模式的价值

西欧高校的全面质量管理模式彰显了多维度的价值，核心在于促进教育的个性化与全球化竞争力的双重提升。首先，该模式通过丰富多样的选修课程与灵活的教育规划体系，为学生搭建了个性化发展的广阔舞台。它不仅满足了学生的多元化需求与兴趣探索，还在此基础上培养出适应未来挑战的多样化人才，强调了教育对个体潜能的最大化激发。其次，西欧高校在教学管理模式上的一个显著共性是对教育质量的不懈追求。法国通过实施严格的高淘汰率策略来维护其学术严谨性，而德国则依托频繁的考核评估来保证每位毕业生的高水平专业能力，这些措施共同构筑了坚实的教育质量防线，体现了对教育成果质的重视超越量的积累。再次，这种严控教育质量与灵活性策略并重的管理模式极大地增强了西欧高等教育的国际吸引力，该模式不仅为学生铺设了通向全球的职业与学术路径，还促进了跨国界的知识交流与合作，提升了学校的国际竞争力。最后，面对快速变化的社会与经济环境，西欧高校凭借其灵活的学分制度与课程内容的动态调整机制，能够高效对接劳动力市场需求，及时培育符合社会发展趋势的专业人才，展现了教育体系对社会需求的高度敏感与积极响应。总之，西欧高校的全面质量管理模式通过个性化培养、质量至上、国际视野拓展以及对社会需求的精准把握，共同构建了一个既富有弹性又不失严谨的高等教育生态系统，为全球高等教育的发展提供了宝贵的经验与启示。

(三) 西欧高校的全面质量管理模式的特点

西欧高校的全面质量管理模式呈现出鲜明的特点，这些特点共同构建了一个既尊重传统又勇于创新的高等教育环境。首要特点是其教育体系中的多样性与灵活性，体现在英国、法国等国不断扩充的选修课程与逐渐普及的学分制上，这不仅赋予学生根据个人兴趣和职业规划自主选择课程的权利，也展示了教育体系对个体差异的尊重与适应。与此同时，质量控制的严格性是另一特点，法国通过维持高淘汰率来维持学术卓越，德国则借助频繁的考核确保每位毕业生都达到顶尖水平，这些举措无一不体现了对教育品质毫不妥协的追求。在管理体系上，西欧高校勇于创新，如法国推出的双学历制度和学分转换机制，德国的课时系统搭配自主学习理念，均为传统教育框架注入了新的活力，促进了管理模式的现代化与适应性。此外，教育资源的有效整合也是西欧高校的一大亮点，通过学分互认、证书制度等方式促进了校际间的紧密合作与资源共享，为学生开辟了更为宽广的学习和发展路径。尤为重要的是，这一系列管理模式中的文化与传统融合，诸如德国高等教育中强调的"教学自主权"与"学习自主权"，不仅维护了教育的独特性与地域色彩，也彰显了教学管理在全球化背景下对本土智慧的坚持与传承。

第二节　全面质量管理视角下的国内高校教学管理模式

随着国内高等教育事业的蓬勃发展，高校的教学管理作为保障和提升教育质量的核心环节，其重要性日益凸显。经过多年的改革与实践，国内高校的教学管理在制度建设、管理理念、技术手段等方面取得了显著进步，为培养高素质人才提供了有力支撑。特别是在全面质量管理理念应用的大趋势下，国内高校逐渐在此基础上将全面质量管理理念应用到教学管理模式中，进而完善高校内部的教学管理组织模式，旨在实现高校教学管理工作向规范化、系统化、现代化方向发展，为提升国内高等教育质量奠定坚实的基础。

一、复旦大学的全面质量管理模式

(一)复旦大学的全面质量管理模式：完全学分制

作为一所综合性、研究型的大学，复旦大学在国内外享有很高的声誉。学校设有多个学院和研究所，涵盖文、理、工、医、法、经、管、教育等多个学科领域。在教学管理方面，复旦大学注重教学质量的提升，注重教学方法的改革与创新，建立了完善的教学管理制度和教学质量监控体系，通过引进先进的教学技术，提高教学效果。复旦大学还积极开展教育教学研究，探索适合新时代人才培养的教学模式和方法。

复旦大学是我国较早开始实践学分制度的院校，并在此基础上构建了一个名为"完全学分制"的全面质量教学管理模式，明确提出了"广度优先，深度兼顾，注重技能提升和创新思维”的学生发展方向。2001 年，复旦大学制定了一份关于全面推动学分制度发展的可行性报告，旨在通过强调人文与科学相结合的方式来推动学分制度的发展，其倡导以学生为中心的思想，致力于优化课程结构，减少总学时数，设立多元化的学位项目，允许学生自由选修科目，采用学期授课方式，按照学分收取学费，增加教学资源投入，接收其他高校的插班生，同时鼓励在校学生跨学科学习等方面的变革，给予学生更大的自主选择空间。

(二) 复旦大学的全面质量管理模式的价值

从“完全学分制”的应用与价值来看，复旦大学制定了涵盖文理教育的课程方案，对于整体的教学工作与管理工作的落实与开展都有着重要的意义与价值。首先，通过实施完全学分制，复旦大学构建了综合教育与文理基础两大课程平台，极大地丰富了课程选择，给予学生高度的课程选择自由，鼓励学生进行个性化学习路径的规划。灵活的学习制度与多样的学习方案促进了学生根据个人兴趣与职业规划进行自我导向学习，有利于学生特长和潜能的挖掘。其次，复旦大学重视教育团队能力的建设，通过改革人力资源体系、优化导师职责，激励教职工投入教学创新，不仅增加了课程数量，还显著提高了授课质量和课程内容的前沿性，为学生提供了更高质量的学习资源和良好的学习环境。再次，学校通过缩短学期长度并利用暑假开设短期课程与研究项目，强化学生的实践操作能力和科研参与度，有效提升了学生的科学技能、创造力与实操经验。学校设立了多项专项基金支持学生进行科技创新、开展社区服务，促进学生团体发展，进一步激发了学生的创新思维和实践动力。又次，复旦大学对教育基础设施进行了全面规划与升级，确保了包括教室、实验室、图书馆在内的优质资源供给，为学分制的顺利实施提供了坚实的物质基础。同时，通过加大对第二课堂教育的投入，如丰富的讲座、阅读推广和社会实践项目，全方位促进了学生的综合素质发展。最后，在强调专业技能与创新能力培养的同时，复旦大学也非常重视学生道德修养与人文素质的提升，通过设立特定基金和举办多样化的活动，培养学生的服务意识、社会责任感和良好的人格品质，体现了全面发展、全面质量管理的教育理念，通过强化教育的灵活性与个性化、提升教学质量、重视实践创新、优化资源配置及强调人文素养，构建了一套旨在培养具有国际视野、创新精神和社会责任感的高素质人才的教育体系。

(三)复旦大学的全面质量管理模式的特点

从复旦大学的教学管理组织结构来看,其全面质量管理模式的应用及效果主要具有以下特点:一是教学管理组织结构分工明确,涵盖了招生、教育研究、教学管理、报名服务、综合办公及教务等多个层面,形成了一套完整且高效的管理体系,确保了教学活动的顺畅运行与质量控制。二是在全面质量管理理念的指引下促进高校的课程与教学的持续创新。大学的教育研究中心负责课程设计、教学革新和实验室建设等,体现了对课程内容与教学方法不断更新与优化的追求,旨在提升教学质量与学习效果。三是形成了以学生为中心的管理服务模式,各部门工作围绕学生的学习与发展展开,如学籍管理、学位授予、成绩评估、选课系统、跨校修读等,充分体现了对学生个性化需求的关注和支持。四是开展了全面的教学支持与服务工作。从新生入学到毕业的各个环节,如入学手续、课程安排、成绩管理、实习实践、海外交流、就业指导等,提供全方位、一站式的服务,确保学生学习生涯的顺利进行。五是落实了严格的教学质量监控。院校通过教学质量评估、教学成就审查、处理教学失误等措施,确保教育质量的持续提升,体现了对教育成效的高度重视和严格要求。

二、清华大学的全面质量管理模式

(一)清华大学的全面质量管理模式:"学期学分制"和"规划学分制"

自 1985 年起,清华大学率先在国内高等教育领域迈出了重要一步,引入并实施了以学分为核心的教学管理制度,即"学期学分制"与"规划学分制"。这一转变标志着清华大学的教育模式向更加灵活、个性化的方向发展,旨在充分激发学生的学习主动性和创新潜能,同时也反映了学校对于教育质量持续改进的承诺。"学期学分制"允许学生在一定学期内,根据个人兴趣、学习进度和职业规划,自由选择修读课程,并通过累积学分来衡量学习成果。该模式打破了传统的年级和班级界限,赋予学生更大的自主权,学生可以加速完成学业,或者根据需要调整学习节奏,甚至跨学科选课,以满足多元化学习需求和个性化成长路径。与此同时,"规划学分制"则强调学生在入学之初便根据自身情况和未来发展目标,与导师共同制订个性化的学习计划,这一计划不仅包括必修的核心课程,也涵盖了丰富的选修课程和实践环节，确保学生在掌握扎实基础知识的同时，能够深入探索专业领域，或是跨领域拓宽视野。规划学分制要求学生具备一定的自我管理和规划能力，鼓励学生主动规划学术生涯，为将来的职业生涯或进一步深造打下坚实的基础。

(二) 清华大学的全面质量管理模式的价值与特点

1. 创新驱动与人才培养的高标定位

创新驱动与人才培养的高标定位，是清华大学教育战略的核心所在。清华大校致力于培养的不仅是某一领域的顶尖专家，更是能够在多学科交叉融合中具有创新思维的复合型人才。在这一目标指引下，清华大学强调的"专才+通才"模式，意在确保学生在精深钻研专业知识的同时，能够拓宽知识边界，掌握跨学科知识，如经济学、管理学、人文科学等，从而具备更广阔的视野和更强的适应能力。这种教育理念深刻体现了清华大学教育管理层的认识：在快速变化的经济社会环境中，单一技能已难以满足未来的需求，唯有兼具深厚专业知识与宽广知识面的个体，方能更好地应对挑战，成为推动社会进步的中坚力量。因此，清华大学在课程设计、教学实践、实验实训等各个环节，均融入了强化实践操作能力和问题解决能力的训练，确保学生能够将理论知识有效转化为解决复杂实际问题的能力，成为具有创新精神和实践能力的领导者和贡献者。

2. 学分制度引领的教育体系革新

学分制度作为清华大学教育体系革新的关键杠杆，发挥了至关重要的作用。这一制度的推广，不仅是简单的学分计算与课程选择自由度的提升，而且是深层次地推动了整个教育生态的变革。首先，它促使课程体系不断自我更新，确保教育内容紧贴时代脉搏，与科技发展和社会需求保持同步。通过学分制度，学校能够灵活调整课程结构，深化专业课程内涵，同时横向扩展课程范围，引入更多反映新兴领域和跨学科知识的内容，为学生构建起更为丰富多元的知识框架。其次，学分制度鼓励跨学科课程的设立，打破了传统学科间的壁垒，促进了知识的交叉融合。这种开放式的教育生态系统，不仅激发了学生的学习兴趣和探索欲，也增强了学生在未来职场中的竞争力。学生可以根据个人兴趣和职业规划，自由选择跨学科课程，如结合计算机科学与艺术设计的数字媒体课程，或是融合生物学与工程学的生物医学工程课程，跨学科课程有利于培养学生的综合素养和跨界合作能力，为社会输送既具备专业深度又拥有广阔视野的人才。

3. 自主选择机制的深化实施

自主选择机制的深化实施，是清华大学推动教育个性化与灵活性的重要举措。通过精心设计的选课制度，清华大学确保学分制不仅是一个计分系统，更是一个激发学生主动学习、个性化发展的平台。在这个体系下，学生不再局限于固定的学习路径，而是被赋予了极大的自主选择权。必修课程与选修课程的有机结合，既保障了学生能够打下坚实的专业基础，又为他们提供了探索个人兴趣和潜能的广阔空间。多层次的课程设置，意味着无论学生处于何种学习阶段，都能找到适合自己的课程，既满足了学生不同学习能力的需求，又促进了学生间良性的学习竞争氛围。这种模式不仅促使学生根据个人兴趣和职业规划做出更有意义的选择，还倒逼教师不断提升课程质量，创新教学方法，以应对日益激烈的教育市场竞争，形成教学相长的良性循环。

4. 模块化教学与定制化教学路径

模块化教学与定制化教学路径的引入，进一步强化了教育的个性化和实用性。清华大学通过构建一系列主题鲜明、内容丰富的模块，为学生提供了既系统又灵活的学习框架。这些模块既可以是专业内的深化探索，也可以跨出专业范畴，涉及人文社科、自然科学等广泛领域，实现了知识结构的均衡发展。学生可以根据个人兴趣、职业规划或是对特定领域的好奇心，采取"整组全部"或"分散选择"的方式来构建自己的学习路径，这种灵活性不仅增强了教育的针对性，还促进了学生在探索中发现自我，为未来的专业深造或职业发展奠定坚实基础。模块化教学模式鼓励学生在专业深度与广度之间找到最佳平衡，促进综合素质的全面提升。

5. 双主导专业与教育连续性

双主导专业与教育连续性策略，是清华大学在高等教育改革中的又一创新实践。通过实施双主导专业教育模式，清华大学鼓励学生跨越传统的专业界限，结合个人兴趣与职业规划，探索多学科知识的融合，这不仅拓宽了学生的知识视野，还培养了学生的跨领域能力，为学生在未来复杂多变的社会环境中脱颖而出提供了强有力的支撑。更重要的是，这种模式为学生从本科教育到研究生教育的无缝对接创造了条件，确保了教育的连贯性和深度。通过提前参与科研项目、实践训练等方式，学生得以在实践中学习，在学习中创新，不仅强化了实践操作能力和创新能力，也为高层次人才培养开辟了新的路径。这一系列举措，共同构建了一个从基础教育到专业深造，再到创新能力培养的完整教育链条，为社会输送了一批批既具有深厚专业底蕴，又具备国际视野和创新能力的精英人才。

三、天津师范大学的全面质量管理模式

（一）天津师范大学的全面质量管理模式：学分制

天津师范大学从1994年起开始施行学分制度，新生的课程安排基于其所在专业来定，大学采用灵活的学习周期系统。标准的本科学习时间设定为四年，但在三年到八年之间有所变动。一般情况下，学生应在本专业领域内获得学位，但以下几种情况学生可能获得转专业许可：如果学生的特长确实明显且转换专业能够更好地发挥这种优势；当学生因为身体状况或者健康问题而导致他们在原来的专业中难以适应，但仍然可以在学校其他专业中继续深造；由于一些不可控因素如专业暂停招生、一年留级期满的新生等，若不转专业就无法继续求学，学校会考虑接受这些学生所提出的转专业请求。此外，学校也会依据社会对于人才的需求和专业发展趋势，适时调整某些专业设置，给予满足条件的学生进入相关专业的机会。

为激励具有独特技能或特长的人才展现自我，并获得认可，天津师范大学设置了创新学习积分体系。对于那些在学校各类比赛如学科竞技赛场上表现出色、参与科研项目或者在体育文化等领域有所建树的学生来说，学生可以主动申请并且通过学校的相关部门审查后被授予一定的学习分数作为选读课程的一部分。此外，针对大学生的全面能力提升与个性化的成长需求，天津师范大学也提出了一些具体措施来培养学生的自主探究精神，如以提高学生的实际操作能力和团队协作意识为主导思想而设计的各种实验实训环节等。

（二）天津师范大学的全面质量管理模式的价值与特点

天津师范大学的全面质量管理模式，以学分制为轴心，构建了一套既能满足学生个性化需求，又能有效响应社会与市场变化的教育体系。这一模式的实施，不仅彰显了教育创新性与灵活性的深度融合，还为学生提供了更为广阔的成长和发展空间。

1. 灵活的学分与学习周期系统

天津师范大学的学分制，其核心在于提供了一个高度灵活的学习框架。学生可以在3~8年的宽泛时间内完成本科学业，这样的设计充分考虑到了学习者的多样性。对于学习能力强、进度快的学生，可以加快学习步伐，提前完成学业，提早步入社会或继续深造；而对于需要更多时间适应、探索自我兴趣，或遭遇特殊情况(如健康问题、家庭原因)的学生，则给予了充分的理解和支持，允许他们按照自己的节奏逐步完成学业。这种灵活性不仅减轻了学生的学业压力，也鼓励学生根据个人兴趣、学习效率和生活状况，自主规划学习路径，实现真正意义上的个性化学习。

2. 转专业机制的包容性与前瞻性

天津师范大学在转专业机制上的设计，体现了一种高度的人文关怀和对教育公平的追求。该机制不仅关注学生的特长与兴趣，确保每位学生能在最能发挥其潜能的专业领域深造，还特别考虑到了学生的健康状况，确保教育机会的公平性。当学生因健康原因难以适应原专业时，学校提供的转专业通道为他们继续学业开辟了新的可能。此外，机制的灵活性还体现在对社会人才需求的敏感反应上，学校能及时调整专业设置，为学生提供更多符合市场需求的专业选择，增强了教育与就业的对接，这样的设计不仅促进了学生的全面发展，也提高了教育的社会适应性和前瞻性，为培养符合时代需求的高素质人才提供了制度保障。

3. 创新学习积分体系

天津师范大学创新性地引入了学习积分体系，这一机制旨在通过量化评估，激励学生在多领域展现其创新能力和特长。该体系覆盖了学科竞赛、科研项目参与、文化艺术活动以及体育竞技等多个方面，为学生提供了展示自我、超越自我的广阔舞台。通过参与这些活动并取得优异成绩，学生不仅能获得相应的学习积分，还能在精神层面获得成就感与认同感，这无疑是对优秀学生的一种正向激励。更重要的是，这种积分体系促进了校园文化的多元化，鼓励学生走出课堂，积极参与课外活动，不仅丰富了校园生活，也促进了学生综合素质的全面提升，包括领导力、团队协作、沟通表达等非学术技能的培养，为学生全面发展搭建了坚实平台。

4. 实践能力与团队合作能力培养

认识到实践能力和团队合作能力在现代社会中的重要性，天津师范大学在课程设计中特别强调实践教学和团队合作项目的实施。通过精心设计的实验实训课程，学生能够在模拟或真实的行业环境中动手操作，将理论知识转化为实践技能，这对于增强学生的专业应用能力至关重要。同时，团队合作项目让学生在共同完成任务的过程中学习如何沟通、协作与领导，这种实战经验对于培养未来职场所需的团队精神和项目管理能力极为宝贵，该教育模式不仅贴近社会实际需求，还能帮助学生在踏入职场前积累宝贵的实践经验，为成为社会所需的复合型人才打下坚实基础。

5. 课程体系的优化与现代化

面对快速变化的社会需求和科技进步，天津师范大学不断优化课程体系，力求教育内容的现代化和实用性。学校通过减少部分基础课程的学分和课时，减轻学生负担，使学生有更多时间和精力投入专业深化和兴趣探索。同时，大幅度增加选修课程的比例，为学生提供了广阔的选择空间，鼓励学生跨学科学习，满足学生个性化学习的需求。特别是在英语、计算机基础和体育课程上的改革，体现了学校对学科交叉融合的重视，以及对学生信息技术能力和身心健康同等关注的态度。英语课程的分级教学和选修课程的增设，旨在提升学生的国际交流能力；计算机课程的灵活设置，则是为了适应信息时代的技能要求；体育课程的改革，通过引入俱乐部模式和增加课外活动，旨在培养学生的终身运动习惯，促进学生身心全面发展。这些课程体系的优化措施，共同指向一个目标：培养既有深厚专业基础，又具备良好综合素质，能够适应未来挑战的新型人才。

6. 教学管理的标准化与信息化

天津师范大学在教学管理上采取了标准化与信息化并重的策略，旨在提升管理效能与教学质量。课程编码标准化作为其中的关键一环，不仅规范了课程命名与分类，还简化了课程查询、选课和成绩管理等流程，增强了教学管理的透明度与一致性。这一措施不仅能方便学生和教师快速准确地识别和选择课程，还为教学资源的整合与共享提供了便利，大大提升了管理效率。与此同时，学校充分利用现代信息技术，打造了先进的在线学习环境。通过云平台、数字化资源库、智能选课系统等工具，实现了教学资源的数字化、网络化，使得学习不再受时间和空间的限制。学生可以根据个人学习计划，随时随地查阅学习材料、参与在线讨论、提交作业和参加在线测试，极大地丰富了学习方式，增强了学习的自主性和互动性。这种信息化教学管理方式，不仅提高了学生学习的便捷性和灵活性，也促使教师不断创新教学方法，提升教学效果。

7. 教学质量的持续监控与反馈

为了确保教学质量的持续提升，天津师范大学构建了一套全面的教学质量监控与反馈机制。该机制覆盖了教学过程的每一个环节，从课程设计、课堂教学、实验实训到考试考核，均设有严格的标准和评估体系。学校通过定期的教学评估、学生评教、同行互评等多种方式，收集多维度的教学反馈信息。这些信息被用于细致分析教学效果，识别存在的问题和不足，进而指导教学改进。此外，学校还设立了专门的教学质量监督与改进机构，负责汇总与分析教学质量监控数据，提出改进建议，并监督实施改进措施。这一系列举措表明，天津师范大学对教学过程持严谨态度，以及拥有持续追求卓越教育质量的决心。通过建立有效的沟通反馈渠道，学校能够及时响应师生需求，不断优化教学内容和方法，确保教育质量的稳步提升，为培养高质量人才提供坚实的保障。

第三节　全面质量管理视角下的高校教学管理经验

一、国内外高校全面质量管理的总体特点

(一) 灵活性与个性化

在全面质量管理的视角下，国内外高校的教学体系日益呈现出高度的灵活性与个性化特点，其中，学分制的广泛实施成为推动这一变革的关键机制。学分制不仅打破了传统教育的刚性框架，赋予学生根据自身兴趣、学习能力和未来职业规划自主选择课程的权利，而且通过这种个性化的课程选择模式，实现了真正的因材施教。学生能够按照自己的学习节奏和兴趣导向，构建个性化的学习路径，这种灵活性为学生的全面发展和个性化成长提供了广阔的空间。强化基础教育的同时，高校还积极增设了多样化的选修课程，这一策略旨在平衡专业深度与学习广度。其中基础课程的加强确保了学生掌握扎实的学科基础知识，为后续的深入学习和跨学科学习打下坚实的基础。而选修课程的多样化，则为学生提供了探索不同知识领域的机会，无论是社会科学、艺术文化，还是新兴技术、创新创业等，学生都可以根据自己的兴趣和职业规划进行选择，这种跨学科的学习模式极

大地促进了学生的创新思维和综合能力的提升。此外，灵活与个性化的教育模式还鼓励高校与产业界的合作，通过实习实训、校企合作项目等形式，将理论学习与社会实践紧密结合，让学生在真实的工作环境中提升专业技能，增强解决实际问题的能力，进一步促进学生个性化发展与职业竞争力的双重提升。

(二) 融合与互补

当前，国内外高校都在积极探索教学管理模式的创新，其中，"融合与互补"成为提升教育质量和适应学生发展需求的重要策略。这一策略体现在学分制与学年制的结合，以及学分制与导师制的融合上。一方面，学分制与学年制的有效结合，是一种教学管理的创新实践。学年制以其系统性和稳定性而闻名，为学生提供清晰的学习路径和阶段性的学习目标，有利于维持教学秩序和保证教育连续性。而学分制的引入，则大大增强了学习的灵活性和自主性，学生可根据自己的兴趣、能力及职业规划，灵活安排学习进度和课程选择。两者的结合，既维护了教育体系的稳定运行，又满足了学生个性化学习的需要，实现了教学管理中的"刚柔并济"，促进了教育过程的优化。另一方面，学分制与导师制的融合，进一步强化了教学管理的质量保障。导师制不仅为学生提供了学术上的专业指导，还在选课、研究方向选择、职业规划等方面给予学生个性化建议。通过导师的指导和审批，学生在享受学分制带来的课程选择自由度的同时，能够确保选课的科学性和合理性，避免盲目选课造成的知识结构失衡。导师的介入，还促进了师生的密切交流与合作，增强了学生的归属感和学习动力，对提升教育质量、促进学生全面发展具有重要意义。

(三) 国际化与合作

高等教育的国际化与合作是提升教育质量和促进学生全球竞争力的关键策略。这一策略主要表现在加强校际学分互认与学生交换项目上，其核心目的在于打破地域界限，促进全球教育资源的共享与优化配置，为学生提供跨越国界的学术交流和学习体验。学分互认机制的建立，意味着学生在国外或合作院校修读的课程能够被自己所在学校承认，有效衔接学分，减少了重复学习，为学生的海外学习之旅扫除了障碍。这一制度的实施，不仅能鼓励学生勇敢走出国门，拓宽国际视野，还促进了不同国家和地区教育体系的相互理解和尊重，为构建全球教育共同体奠定了基础。学生交换项目作为国际化教育合作的另一重要形式，为学生提供了沉浸式体验异国文化和教育体系的机会。通过短期或长期的海外学习经历，学生可以直接接触不同的学术流派、思维方式和文化背景，这种跨文化的交流与碰撞，极大地丰富了学生的知识结构，提升了学生跨文化沟通与合作的能力，为培养具有全球胜任力的未来领袖创造了条件。此外，国际化与合作还体现在国际学术合作、联合研究项目、国际会议参与等方面，这些活动促进了教师的科研合作与学术交流，提升了学校的国际影响力，同时也为学生提供了参与前沿科学研究和国际学术对话的宝贵机会，进一步推动了教育内容的创新与教学方法的现代化。

（四）过程管理与质量控制

在全面质量管理框架下，高校的教学管理尤为重视对教育过程的精细管理和质量的持续监控。这不仅体现在对教学活动的事前规划、事中执行和事后反馈的全链条管理，更在于其深刻理解到，教育质量的提升是一个动态、持续的过程，需要通过科学的管理和评价机制来保驾护航。因此，高校采取了多种策略以确保教育质量的卓越。首先，高校在教学过程中融入了形成性评估，这是一种持续进行的评价方式，旨在及时了解学生的学习进展和教师的教学效果，通过频繁的反馈循环，帮助学生及时调整学习策略，教师也可据此优化教学方法和教学内容。同时，终极性评估，即期末考试、毕业论文等，作为衡量学生阶段性或最终学习成果的重要手段，与形成性评估结合，为学生的学习成效提供了全面且深入的评价。其次，高校采用了多元化评价方式，包括同伴评价、自我评价、项目评价、技能测试等，这些多元化的评价手段不仅关注学生掌握知识的程度，更重视其批判性思维、解决问题的能力、团队合作等综合素养的培养，确保了评价的全面性和公正性。最后，教学管理的民主参与是确保教育质量提升的另一个重要方面。高校鼓励教师、学生及家长等多方主体积极参与教学决策和管理，通过建立教学委员会、课程评估小组等，增强教学决策过程的透明度，确保所有利益相关者的合理诉求被听取和考虑。这种民主参与机制，不仅提升了教师的教学热情和学生的学习动力，还促进了管理决策的合理性和有效性，为教学质量和教育环境的持续优化提供了坚实的保障。

(五)目标导向与社会适应性

如今,高校教学管理的核心目标是不断提升教学质量,确保教育成果能够满足社会发展的多元化需求。这一目标导向不仅体现在对课程体系的持续优化和教学内容的创新上,更深刻地反映在教育与社会需求的紧密对接,以及在全球化趋势中培养学生的国际竞争力上。一方面,为了提升教学质量,高校积极优化课程结构,确保课程设置既能覆盖基础理论知识,又能紧跟时代发展,融入最新科研成果和行业实践。同时,课程内容不断更新,注重培养学生的批判性思维、创新能力及解决复杂问题的能力,这些都是现代社会对人才提出的要求。通过引入案例教学、项目驱动学习等现代教学方法,增强学习的实践性和应用性,使学生在学习过程中不仅积累知识,更能学会如何应用知识。另一方面,教学管理密切关注社会经济发展的趋势,针对不同行业和领域的人才需求,调整专业设置,开发跨学科课程,为学生提供多样化的学习路径。这意味着教育不再局限于传统学科边界,而是鼓励学生跨学科学习,培养学生的跨界整合能力,以适应快速变化的就业市场和社会需求。在全球化背景下,教学管理尤为重视培养学生的国际视野和跨文化交际能力。这不仅包括加强外语教学,提升学生的语言沟通能力,更重要的是通过国际交流项目、海外学习经历、国际学术合作等方式,让学生亲身体验不同文化,增进对全球议题的参与和理解。通过这些实践活动,学生能够培养出在全球化环境中工作和生活的适应能力,成为具有国际竞争力的人才。

二、全面质量管理视角下高校教学管理经验总结

(一)制度建设与规范管理

当前,高校致力于构建一套系统化、规范化的教学管理制度——该体系能全方位覆盖课程设计的创新性与前瞻性、教学计划的科学制订与灵活调整、教材选用的严谨性与时代性,以及考试管理的标准化与多元化评价。这一系列制度的建立,如同搭建了一个稳固的平台,不仅确保教学活动能在一个有序、高效的环境中运行,还为教学质量的持续监控与提升提供了坚实的保障。通过细致规划课程内容,贴合学科前沿与社会需求;精心编排教学计划,兼顾学生学习节奏与能力培养;审慎选取教材资源,融合经典理论与实践创新;以及实施全面的考试管理

制度，既保证评价的公正公平，又促进学生的全面发展。这一整套制度建设与规范管理策略，为保障高校教育质量和促进高校可持续性发展奠定了坚实的基础。

(二)实践导向与创新能力培养

在全面质量管理视角下，高校的教学管理愈发重视实践导向与学生创新能力的培养，通过一系列具体措施有效促进学生技能的提升与创新思维的激发。具体而言，高校加强了实践教学，如通过精心设计的实验，使学生在动手操作中深化理论知识，掌握科学方法；开展贴近行业实际的实训项目，让学生在模拟或真实的工作场景中历练，增强解决复杂问题的能力；在课程设计中融入创新元素，鼓励学生主动探索，培养批判性思维和创造性解决方案的设计能力。尤为重要的是，高校积极促进校企合作，搭建起学界与业界的桥梁，让学生有机会参与企业项目，接触行业前沿技术，不仅能提升学生的实践操作技能，还能极大地激发他们的创新精神和创业意识。这种紧密的产学研结合，缩短了学校教育与职场的距离，使学生在毕业前就能初步适应职场环境，具备更强的就业竞争力和职业生涯发展潜力。

(三)质量监控体系与持续优化

在全面质量管理的指引下，高校致力于构建一套完善而精细的教学质量监控体系，该体系是确保教育质量持续提升的关键所在。该体系不仅强调了监控的全面性与系统性，更侧重于通过多元化评价机制，实现对教学活动的有效监督与持续改进。首先，高校通过建立多维度的教学质量评估标准，涵盖了教师教学能力、课程内容的时效性与适用性、教学方法的有效性、学生学习成果与满意度等多个层面。这些标准的设定，旨在全面把握教学活动的各个环节，确保教学质量评价的全面性和准确性。其次，高校运用了多元化的评价方式，包括同行评价、学生评价、自我评价以及教学管理部门的定期检查等，这些评价机制的组合使用，确保了评价的客观性和公正性。学生作为教学活动的直接参与者，其反馈成为教学质量改进的重要依据；教师之间的相互评价则促进了教学方法和经验的交流；而教学管理部门的宏观监督，则确保了整个教学体系的规范运行。此外，高校还建立了有效的反馈与沟通机制，确保教学监控结果能够及时反馈给教师和相关部门，促进教师个人发展计划的制订与实施，同时也为教学管理决策提供了数据支持。这种闭环式的质量监控与持续优化过程，形成了一个动态调整、持续进步的良性循环，有效保障了教学质量的不断提升，促进了教育目标的高质量实现。

(四)教学改革与个性化学习

在全面质量管理的推动下，教学改革与个性化学习成为当今高校教育创新的重要趋势。通过实施学分制与选课制等关键性改革措施，高校的教育体系正逐渐转型，以更好地适应学生的个性化需求，促进其全面发展。学分制的推广，为学生提供了前所未有的学习自由度。学生可以根据个人兴趣、学习进度和职业规划，灵活选择课程，自我掌控学习节奏，不再受限于传统年级和班级的框架。这一制度鼓励学生主动规划学习生涯，既能在基础学科上打下坚实的基础，又能在自己感兴趣的领域深入探索，实现知识结构的个性化构建。通过这种方式，学生不仅能够更有效地利用学习时间，还能在自我驱动中培养出更强的自主学习能力。选课制的引入，进一步丰富了学习的多样性。高校开设了大量选修课程，覆盖了从人文社科到自然科学，从职业技能到创新思维的广泛领域。学生可以根据自己的兴趣和职业规划，自由选择这些课程，实现跨学科学习，拓宽知识视野。这一机制促进了学生多元智能的发展，鼓励学生探索未知，激发潜在兴趣，发挥特长，为培养复合型人才提供了土壤。在此基础上，高校还通过小班制教学、研讨式学习、翻转课堂等多种教学模式的创新，进一步促进个性化学习的深入。这些教学模式鼓励学生主动参与，加强师生互动和生生互动，提升了学习的深度和有效性。学生在这样的环境中不仅能够获得知识，更重要的是学会了如何学习，如何批判性思考，如何合作与沟通，这些能力的培养对学生的综合素质提升起到了决定性作用。

(五)师资队伍建设与教学创新

在全面质量管理视角下，师资队伍建设与教学创新是提升高等教育质量的两大核心支柱。优秀的师资队伍是保证教育质量的基石，而教学创新则是推动教育发展，满足时代需求的关键动力。因此，各高校在师资队伍建设和教学方法创新方面做出了积极的努力和探索。首先，高校高度重视师资力量的培养与引进，通过多种途径加强师资队伍建设。一方面，加强对现有教师的培训，通过国内外研修、学术交流、教学技能工作坊等方式，不断提升教师的专业素养和教学能力，鼓励教师紧跟学科前沿，掌握最新的教学理念和方法。另一方面，积极引进高水平人才，包括学界领军人物、海外高层次人才等，以充实师资队伍，带来新的教学思路和研究方向，提升整体教学与科研水平。其次，高校倡导并实践教学创新，鼓励教师在教学中融入创新实践，不断探索和尝试新的教学模式与方法，包括采用混合式教学、翻转课堂、项目式学习等现代教学模式，利用信息技术手段，如在线教学平台、虚拟实验室等，丰富教学资源，提升教学互动性和实效性。教师们在教学实践中勇于尝试，将理论知识与实际案例结合，引导学生主动探究，培养其批判性思维和解决问题的能力。最后，高校还构建了跨学科教学团队，促进跨学科合作，鼓励教师跨领域交流与合作，共同开发跨学科课程，拓宽学生的知识视野，培养复合型人才。

(六)民主参与和管理透明

在全面质量管理框架内，高校强调民主参与和管理透明，这是促进教育治理现代化、提升教学管理水平的重要组成部分。这一理念体现在鼓励师生积极参与教学管理的各个方面，确保每个人的声音都能被听见，每个合理的建议都有机会被采纳。通过设立教学咨询委员会、课程评价小组等组织，高校让师生直接参与课程设计、教学评价、政策制定等决策过程，不仅增强了决策的科学性和民主性，还显著提升了师生对教学管理的认同感和满意度。同时，通过公开教学管理的规章制度、决策过程、评估结果等信息，保证了教学管理的透明度，构建了信任与合作的校园文化，为教学质量的持续改进创造了良好的氛围。

(七)科技赋能与教学现代化

随着信息技术的飞速发展，高校的教学管理日益重视科技的融合与应用，旨在通过科技赋能，推动教学模式的现代化转型，以适应数字化时代教育的新要求。具体来说，高校利用在线教学平台、智能教学管理系统、大数据分析工具等现代化技术手段，不仅实现了教学资源的数字化和共享，还提升了教学的互动性和个性化。在线平台上，学生可以随时随地查阅学习资料、参与在线讨论、完成作业和测试，教师则能通过平台监控学生的学习进度，及时给予反馈，实现精准教学。智能化工具如人工智能助教、学习分析系统等的引入，能够帮助教师识别学生的学习困难，提供定制化的学习建议，进一步提高教学效率与管理效率。此外，通过大数据分析，高校的管理层能够获得对教学活动的深入洞察，为优化教学资源配置、调整教学策略提供数据支持，确保教学管理的科学性和前瞻性。总而言之，科技的融入不仅重塑了教学模式，还促进了教学管理的智能化和高效性，为培养适应未来社会的高素质人才奠定了坚实的技术基础。

第六章　全面质量管理视角下高校教学管理工作的体系建构

伴随高等教学管理的不断进步，高校的教学水平已经转变为高校生存和成长的基础。全面质量管理作为一种先进的管理理念和方法，为高校教学管理工作提供了新的视角和思路。建立一个以全面质量管理为基础的高等教学管理评估体系对于推动教育质量的持续提升和促进高校内涵式发展有着关键性影响。本章将探讨在全面质量管理视角下，如何构建科学、合理、有效的高校教学管理工作评价体系，深究评估系统的理论基础、构建原则、衡量标准、评定方式及执行策略等方面，为高校的教务部门提供一套实用且可以测量的评估工具，从而引导其朝着更为标准化、科学性和细致性的方向前进。希望此项研究能为高校的教务工作带来全新视角，进一步推进高校教务管理的进步，并最终助力于整个高等教育品质的提升，从而培育出更多的优秀人才。

第一节　高校教学管理工作体系的理论基础

高校的教学管理工作体系是确保高等教育质量、推动教育创新、培养高素质人才的重要基石。这一体系的构建需要依据一系列的理论和实践指导，以确保其科学性、有效性和适应性。随着教育理念的不断更新和教育技术的快速发展，高校的教学管理工作面临前所未有的挑战和机遇。因此，深入探讨高校教学管理工作体系的构建依据，对于提高教学管理水平和推动高等教育事业发展具有重要意义。

一、高校教学管理工作体系的构建依据

(一) 文件依据

教育部印发的《高等学校教学管理要点》的通知指出,高等学校的教学管理一般包括教学计划管理、教学运行管理、教学质量管理与评价,以及学科、专业、课程、教材、实验室、实践教学基地、学风、教学队伍、教学管理制度等教学基本建设的管理。高等学校教学管理的基本任务是研究教学及教学管理规律,改进教学管理工作,提高教学管理水平;建立稳定的教学秩序,保证教学工作正常运行;研究并实施教学改革,努力调动教师和学生教与学的积极性。因此,教学管理与教育研究要紧密结合教学改革的实际,要随着经济建设及体制改革的深入发展,重视研究教学工作中的新情况和新问题。要注重素质教育,加强对学生创新精神和创造能力的培养,重视学生的个性发展,因材施教。要面向 21 世纪,积极开展人才培养模式、教学内容、课程体系和教学方法的改革,要深入进行比较研究,努力开展各种教学实验和教学改革试点工作。

(二) 理论依据

在此次高校教学管理工作体系建构过程中,笔者采用文本分析方法来确定第三级的组成元素,从各种文本源中获取高密度的代码生成密集的三级组件。然后,精简和概括这些三层结构成分,将其转化为对应的二层构件,最终得出四种一类构造元件,也就是 CIPP 评估模型中的四大评定因素:实际操作环境评估(context evaluation)、资源投入评估(input evaluation)、流程执行评估(process evaluation)及结果产出评估(product evaluation)。因此,选取 CIPP 评估理念来构筑高校的系统建模框架,这个理念包含四个主要评估元素:实际操作环境评估、资源投入评估、流程执行评估与结果产出评估。实际操作环境评估是针对特定情境,确定目标人群并对其需求做出评估;根据这些需求去识别存在的问题,以判别目标能否充分地体现被评估的需求。资源投入评估则是对规划项目、计划或者服务的方法及相关的管理措施进行评估。流程执行评估则关注于计划的实际操作,并且优化其设计细节,如注重实施过程中的控制。结果产出评估就是衡量项

目执行的结果的表现，同时看其能在多大程度上满足受惠者需求。

二、高校教学管理工作体系的构建原则

（一）明确性原则

在构建高校教学管理工作体系的过程中，首要遵循的原则即是明确性原则。明确性原则强调在设计和实施教学管理评估系统时，对于各个关键组成部分的界定与说明务求精确无误、直观易懂。具体来说，在确定实际操作评估系统的核心构成要素时，无论是指标名称还是内涵释义，都应具备高度的明确性和精准度。例如，每个评估指标的命名应当简洁明了，直接反映出所衡量内容的本质特征，确保评估人员能够迅速把握其核心要义，而不是陷入抽象难解的概念之中。与此同时，对于各个评估指标的详细解释和定义，也要力求具体详尽，不仅要明确指出该指标指向的具体教学活动、管理行为或是教育成果，还要阐明其在整个教学管理链条中所占据的位置及作用。此外，明确性原则要求我们在设定评估目标时，需紧密结合高校教学管理的实际需求，避免空泛宽泛的表述，使每一项评估内容都能锚定在具体的教学环节、管理节点上，切实体现其在提升教学质量、优化教学资源分配、促进学生全面发展等方面的价值导向。

（二）独立性原则

独立性原则旨在确保评估系统的各个组成部分之间既相互联系又相对独立，各自承载独特且不重叠的功能与意义。换言之，不论是处于顶层的设计框架，还是细化至第三级的具体指标，每个部分均需具备清晰明确且互不混淆的独特属性。在实际操作中，独立性原则要求我们在确立评估指标时，务必保证各个层级的指标均有独立的界定范围和阐释角度，避免在不同层次或不同类别间出现内容上的交叉或重合。例如，在设置各级别的评估指标时，第一级指标应体现宏观层面的目标和方向，而逐级下探至第二级、第三级指标时，则需逐步细化和具体化，形成层层递进、逐层深入的评估结构。此外，为了确保评估体系的严谨性和准确性，独立性原则还体现在对每一个组成元素命名的规范上，即要求所有级别的指标命名必须是独一无二的，不存在与其他指标名称相似甚至雷同的情况，这样才能有效防止在实际应用中混淆和产生误解。

(三)可行性原则

可行性是指建立起来的元素需要具备实际评估能力,也就是有效性的体现。然而,一些研究在选择组成元素的过程中,没有充分考虑评测人身份,以及其能否对相关元素作出恰当判断,使得这些元素的选择变得不可行,进而影响了整个评估系统的实用性和易用性。建立高校教学管理评估系统的核心目标是用其作为一个衡量和提升高校实践课程品质的手段,并能有效地应用于高校实践课程和学生培训品质的测算及评定活动中,以获得系统执行的具体情况回馈。因此,在建立评估系统时,应尽可能保证组成部分项目的数目适当、评估准则表述明确、系统比率合乎逻辑等,以便让被测试者可以准确无误地对这些项目作出判断。简而言之,评价体系的简洁性和易于操作性,能够减少评估的复杂度和工作量,这就是可行性原则的具体表现,同时也是实际评估活动进行的必要条件。

(四)实践性原则

在构建高校教学管理工作体系时,实践性原则是一个不可或缺的重要原则。它强调教育评估不应仅仅是理论层面的探讨和理想化的构想,而更应紧密围绕提高学生实际操作能力和解决现实问题的能力展开。在这一原则指导下,高校在设计实践培训质量评估系统时,应当充分考虑教育活动的实操性特点,将培养学生动手能力、创新思维及解决复杂问题的能力置于核心地位。这意味着,在选择和设立评估指标时,高校需要关注那些能够真正反映出学生在实践活动中表现的教育元素,如实验技能、项目实施能力、团队协作效率、问题解决策略等,并通过科学合理的评估方式对这些元素给予真实、客观的评价。这样的评估结果不仅能提供有关学生在实际学习过程中能力发展情况的翔实数据,还能帮助高校深入理解各类实践教学活动对学生能力提升的影响程度和作用机制。

第二节　高校教学管理工作评价指标的选取设计

本次研究利用 NVivo 编码工具对文献进行了分类处理,以提取出与课题有关的评估标准。数据源主要包括三个部分:首先是选择与主题密切关联且已构建了评测标准的核心杂志、高被引杂志和博士/硕士学位论文共计 12 份,累计编码超过 331 次；其次是从教育部网站和其他类似资源中搜寻到涉及"高校教学管理""全面质量管理"的相关政策文件共有 5 份，累计编码次数达到 132 次；最后是对大学生群体(作为教学观测的对象)和实际操作的教学管理工作者(如教授或助教等)展开深入访问，收集到的对话内容编码数量达到了 230 次，同时包含 150 种不同的评估项目。综合这三次数据采集过程，得到 47 条信息，所有这些信息的总编码数高达 693 次。

一、评价指标的拟定

研究依据从文献中提取的指标、政策分析所选择的指标及深度访谈的结果来收集并归纳信息，剔除出现多次但意义相似的指标，把具有类似含义的指标整合在一起，构建基于 CIPP 评估模型的四个主要评估因素的基础架构。然后，将这些评估指标按照不同类型的评估者(教师和学生)进行分组，从而得到初版的教师评估标准(见表 6-1)和学生评估标准(见表 6-2)。

表 6-1　教学质量评价指标维度(教师评价版)

一级维度	二级维度	三级维度
教学管理背景评价 A	发展定位 A1	办学定位 A1-1
		办学理念 A1-2
	培养方案 A2	人才培养规格 A2-1
		人才培养模式 A2-2
		人才培养目标 A2-3
	课程设置 A3	课时占比 A3-1
		课程设置的职业导向 A3-2
		课程安排 A3-3
	教学计划 A4	教学方案 A4-1
		教学计划制订 A4-2
		教学项目设计 A4-3
教学管理投入评价 B	师资队伍建设 B1	教学辅助人员配置 B1-1
		教师经历 B1-2
		师资培训 B1-3

一级维度	二级维度	三级维度
教学管理投入评价 B	教学设施设备 B2	设施设备数量与类型 B2-1
		设施设备质量 B2-2
		设备利用率 B2-3
	教学材料 B3	设施设备满足教学需求 B3-1
		教学教材编选 B3-2
		教材实用性 B3-3
	教学经费 B4	师资队伍经费投入 B4-1
		教学建设经费投入 B4-2
		学生活动经费投入 B4-3
	教学保障 B5	实践教学管理机构 B5-1
		实践教学管理制度 B5-2
教学管理过程评价 C	教学方法 C1	教学模式 C1-1
		教学方式 C1-2
	教学考核 C2	考核方案 C2-1
		考核权重 C2-2
	教学监控 C3	实践教学计划的审核 C3-1
		学生实践活动的监督 C3-2
	教学改革与创新 C4	评价方式改革 C4-1
		实践地点探索 C4-2
		教学方法改革 C4-3
教学管理效果评价 D	学生参与情况 D1	工作态度 D1-1
		过程配合度 D1-2
		参加比赛积极度 D1-3
		学生出勤率 D1-4
	学生在校成绩 D2	学生考试成绩 D2-1
		实践作品评价 D2-2
		竞赛获奖情况 D2-3

续表

一级维度	二级维度	三级维度
教学管理效果评价 D	学生综合能力与素质 D3	学生综合能力 D3-1
		学生综合素质 D3-2

表 6-2　教学质量评价指标维度 (学生评价版)

一级维度	二级维度	三级维度
教学管理背景评价 A	教学管理理念 A1	教学态度与观念 A1-1
		教学目标 A1-2
	教学管理品质 A2	教师教学管理敬业精神 A2-1
		教师教学管理安全意识 A2-2
教学管理投入评价 B	教师的能力与素质 B1	教师的综合能力 B1-1
		教师的综合素质 B1-2
	教学设施设备 B2	学校对实践教学设施设备的重视程度 B2-1
		教学设施设备完备度 B2-2
		教学设施设备使用感受 B2-3
		教学设施设备类型 B2-4
	教学材料 B3	教学材料充足率 B3-1
		教学教材编选 B3-2
		教材实用性 B3-3
教学管理过程评价 C	教学方法 C1	教师教学准备 C1-1
		教学内容 C1-2
	教学考核 C2	教学方式 C1-3
		教学监督 C2-1
		教学考核 C2-2
		教学组织 C2-3

续表

一级维度	二级维度	三级维度
教学管理 效果评价 D	教学管理工作对学生 的影响 D1	教学管理对学生认知的影响 D1-1
		教学管理对学生能力的影响 D1-2
		教学管理对学生情感的影响 D1-3
	学生对教学管理工作 的满意度 D2	学生对教学内容的兴趣度 D2-1
		教师指导教学管理情况 D2-2
		学生对教学管理工作的满意度 D2-3

二、教学管理质量评价体系权重确立

按照层次分析法的要求和形式，笔者对教学管理质量评价体系的相对复杂层次结构进行拆解，构建了两个具有一级、二级、三级构成要素的指标层次表。通过这种方式可以清晰地了解评价体系的层次关系，从而便于后续对矩阵的构建和权重计算。研究采用德尔菲法，向 17 位从事职业技术教育和高校教学的专家进行咨询，分析了他们的 17 份咨询答卷。根据层次分析法的计算过程，首先建立了院校实践教学质量评价体系的层次结构；其次创建了判断矩阵并进行两两比较；再次进行了层次单排序及一致性检验，计算出 $CR = CI/RI$，结果显示 $CR < 0.1$，即通过了一致性检验；最后计算各因素对于总目标的相对重要性权值。

表6-3 教学质量评价指标权重(教师评价版)

一级维度	二级维度	三级维度
教学管理背 景评价 A	发展定位 A1	办学定位(0.0422)
		办学理念(0.0300)
	培养方案 A2	人才培养规格(0.0071)
		人才培养模式(0.0059)
		人才培养目标(0.0085)
	课程设置 A3	课时占比(0.0103)
		课程设置的职业导向(0.0083)

续表

一级维度	二级维度	三级维度
教学管理背景评价 A	课程设置 A3	课程安排(0.0108)
	教学计划 A4	教学方案(0.0489)
		教学计划制订(0.0315)
		教学项目设计(0.0167)
教学管理投入评价 B	师资队伍建设 B1	教学辅助人员配置(0.0064)
		教师经历(0.0080)
		师资培训(0.0129)
	教学设施设备 B2	设施设备数量与类型(0.0093)
		设施设备质量(0.0107)
		设备利用率(0.0158)
	教学材料 B3	设施设备满足教学需求(0.0126)
		教学教材编选(0.0115)
		教材实用性(0.0084)
	教学经费 B4	师资队伍经费投入(0.0199)
		教学建设经费投入(0.0187)
		学生活动经费投入(0.0542)
	教学保障 B5	实践教学管理机构(0.0502)
		实践教学管理制度(0.0317)
教学管理过程评价 C	教学方法 C1	教学模式(0.0222)
		教学方式(0.0335)
	教学考核 C2	考核方案(0.0320)
		考核权重(0.0260)
	教学监控 C3	实践教学计划的审核(0.0243)
		学生实践活动的监督(0.0384)
	教学改革与创新 C4	评价方式改革(0.0305)
		实践地点探索(0.0242)
		教学方法改革(0.0166)

续表

一级维度	二级维度	三级维度
教学管理效果评价 D	学生参与情况 D1	工作态度(0.0215)
		过程配合度(0.0186)
		参加比赛积极度(0.0143)
		学生出勤率(0.0708)
	学生在校成绩 D2	学生考试成绩(0.0275)
		实践作品评价(0.0330)
		竞赛获奖情况(0.0409)
	学生综合能力与素质 D3	学生综合能力(0.0352)
		学生综合素质(0.0322)

表 6-4　教学质量评价指标权重(学生评价版)

一级维度	二级维度	三级维度
教学管理背景评价 A	教学管理理念 A1	教学态度与观念(0.0821)
		教学目标(0.0410)
	教学管理品质 A2	教师教学管理敬业精神(0.0250)
		教师教学管理安全意识(0.0294)
教学管理投入评价 B	教师的能力与素质 B1	教师的综合能力(0.0313)
		教师的综合素质(0.0270)
	教学设施设备 B2	学校对实践教学设施设备的重视程度(0.0190)
		教学设施设备完备度(0.0146)
		教学设施设备使用感受(0.0203)
		教学设施设备类型(0.0138)
	教学材料 B3	教学材料充足率(0.0205)
		教学教材编选(0.0137)
		教材实用性(0.0167)

续表

一级维度	二级维度	三级维度
教学管理过程评价 C	教学方法 C1	教师教学准备（0.0352）
		教学内容（0.0468）
		教学方式（0.0437）
	教学考核 C2	教学监督（0.0337）
		教学考核（0.0708）
		教学组织（0.0262）
教学管理效果评价 D	教学管理工作对学生的影响 D1	教学管理对学生认知的影响（0.0562）
		教学管理对学生能力的影响（0.1162）
		教学管理对学生情感的影响（0.1384）
	学生对教学管理工作的满意度 D2	学生对教学内容的兴趣度（0.0785）
		教师指导教学管理情况（0.0234）
		学生对教学管理工作的满意度（0.0287）

　　本次研究工作借鉴了 CIPP 评价模型，该模型涵盖了四个关键维度，即环境评估背景、资源投入评估、流程执行评估和结果产出评估，据此，制定了评估高等职业教育实践教学质量的四个一级指标，并结合各部分的重要性差异，进行了权重排序。排序结果显示，教学管理效果评价被赋予了最高权重，其次是教学管理过程评价，再次是教学管理投入评价，最后是教学管理背景评价。这种排序充分反映了在高校教学质量评估体系中教学管理效果的质量占据了决定性的地位。

　　其中，研究的核心目标在于对高校的教学管理体系进行全面而深入的质量评估，尤其是在面对高等教育这一特定领域时，教育质量的优劣往往最直接地体现在教学质量评估上。因此，专家们一致认为，将教学质量评估设定为最重要的组成部分，权重最大，这是符合教育规律和逻辑的合理决策。这里的教学质量评估不仅包括常规的期末考试成绩或毕业设计评价，更涵盖了阶段性考核和终结性考核等多种形式，这样的设计旨在帮助高校实时跟踪和监控学生的学业进展，持续收集教育教学过程中的信息反馈，便于教师适时调整教学计划和策略，以最大限度地提高教学质量。值得一提的是，本次研究构建的评估体系与业内知名学者金亚飞教授在其提出的实际教育活动评测模式中所强调的主要组成部分在重要性排序上呈现出显著的相似性。金教授的评测模式中，教学管理背景、教学管理投入、教学管理过程及教学管理结果分别占据 10%、18%、35% 和 37% 的权重比例，其中教学管理结果同样占据主导地位。这种一致性验证了本研究提出的评估体系的合理性与可靠性，从而进一步增强了高校教学质量评判系统的信度和效度，为高等教育提供了更为科学有效的教学质量评估工具。

另外，从以上指标体系的建构来看，构建针对高校教学质量的综合指数系统，旨在全方位、多维度地评价与衡量学校在环境建设、教育资源投入、教学流程管理及最终教学成果产出等方面的效能。这一指数系统的核心在于引导高校精确识别自身在教学方面的优势与不足，进而有依据、有方向地规划并执行未来更加精准高效的实际操作教育计划，不断改进和升级实践教学的策略与方法。具体来说，该指数系统在构建时，将高校教学管理评估系统与学生个体成长评估系统结合，形成一个包含多个子指标的多层次评价框架。在这个框架内，不同的组成部分被赋予了不同的等级权重，这既体现了各部分在整体教学质量中的相对重要性，又明确了在实践中应当重点把握的关键环节。权重的设定有助于明确高校在教学管理中的薄弱环节，诸如资源配置是否合理、教学过程控制是否严谨、教学结果是否达到预期目标等。通过对这些指标的深入分析，不仅可以发现高校在实践教育上的"瓶颈"所在，还有助于指导高校在构建实践操作训练品质评定系统时，聚焦关键领域，强化短板，确保实践教学质量的整体提升和可持续发展。

第三节　全面质量管理视角下高校质量评价体系的验证与分析

第二节确定了高校教学管理质量评价体系的一级、二级、三级构成要素的权重，为从应用实践的视角来验证高校实践教学质量评价体系的合理性，以及了解现阶段高校教学管理质量的现状提供了依据，本节根据高校教学质量评价体系编制调查问卷，问卷分为教师评价问卷和学生评价问卷，分别对高校的最主要的评价主体开展质量评价调查。

一、高校教学管理质量评价问卷的编制

本研究所确定的评价体系构成要素来自两大途径，一是从已有文献和相关重

要政策文件中借鉴，并根据本研究所界定概念进行适当调整；二是基于研究设计，通过访谈来获得相应信息。

笔者通过对文献、政策及访谈内容进行文本编码，再高度凝练评价构成要素，初步构建高校教学管理质量评价体系。结合专家意见对评价体系的构成要素进行删改，进一步完善评价体系；再通过第三轮专家咨询对评价体系各级构成要素进行权重评分，结合层次分析法与相关软件得出体系权重，得出最终的评价体系。根据评价体系的三级构成要素观测点及对其他学者问卷的参考，编制本研究的高校教学质量评价问卷。

评价问卷分为教师评价问卷与学生评价问卷。教师评价问卷分为教师个人信息填答部分与评价部分，评价部分又分为教师对学校实践教学的评价、教师自我评价与教师对学生的评价，共有 55 道题目；学生评价问卷评价部分分为学生对学校的评价、对教师的评价及学生自我评价，共 38 道题。

评价问卷采用主观评分的方法，设计参考"李克特五分量表法"，要求每位被调查者对每个问题在"非常同意""同意""一般""不同意""非常不同意"五个选项中做出唯一选择，分别对应 5、4、3、2、1 分。两类问卷均分为两个部分，第一部分是调查对象的基本信息填写；第二部分是对高校教学管理质量的评价。

二、高校教学管理质量评价问卷的发放与统计

研究通过问卷星进行问卷发放，调查问卷样本的选择分别是教师和学生，教师和学生的选择都源于全国高校。对于教师样本的选择，必须是有过实践教学一线经验的或是正在从事实践教学活动的高校教师；对于学生样本的选择，选择的主要依据为学生专业，研究在选取不同专业的学生上有所侧重。

(一)教师评价问卷

该问卷评价部分共有 55 道题，分为三个部分，1~33 题是教师对学校实践教学的评价，34~43 题是教师对自身实践教学实施的评价，44~55 题是教师对学生的评价。

运用问卷分析软件 SPSS 计算教师评价问卷的信度，得出 Cronbach α 信度系数为 0.987，量表信度高于 0.7 即表明结果可信。同时，根据描述性统计结果可得，本次问卷调查的 55 个问题中，得分均分在 4 分以上的有 24 道题，其余 21

道题的得分均值均在 3 分以上；个别题目标准差大于 1。

教师评价问卷分别包括教师对学校实践教学的评价、教师自评及教师对学生实践学习的评价。教师对学校实践教学实施质量的评分较低，33 道题中有 26 道题得分均值低于 4 分，处于 3.66~4.13 区间，可见教师对于学校的许多工作评分尚未达到比较满意的水平；教师对于自身实践教学活动开展质量，以及学生实践学习质量的评分大多高于 4 分，教师自我评分处于 3.65~4.36 区间，教师对学生的评分处于 3.97~4.19 区间，表明教师对于自身与学生的评价较高。

(二)学生评价问卷

本次调查学生评价问卷共回收 473 份。研究者在问卷发放后对问卷做出快速填答，得出随意快速填答的时间为 54 秒，对回收的 473 份学生问卷进行筛查，删除填答时间少于或等于 54 秒的问卷，同时将答案全部相同的问卷删除，共删除问卷 138 份，最终获得有效的学生评价问卷为 335 份，问卷回收率为 71%。从有效回收的学生问卷来看，受访对象中男生与女生的样本占比差距不大，受访学生的年级主要分布在大一与大二。

该问卷从学生角度围绕"高校教学管理评价"开展调查，设计了 38 道问卷题。其中 1~11 题是从学生的角度对学校实践教学质量的评价，12~34 题为学生对教师开展实践教学的质量评价，35~38 题为学生对实践教学实施情况的自我评价。经计算，Cronbach α 信度系数为 0.988，表明问卷结果可信。同时，根据描述性统计结果可以看出，本次问卷调查的 38 个问题中，23 个问题的平均调查得分在 4 分以上，其余 15 个问题的平均调查得分在 3 分以上。38 道题的标准差均小于 1，即每个问题的分值波动较小，说明调查结果分布集中，无明显异常值。

学生评价问卷评价部分共分为 3 个部分，分别是学生对学校实践教学的评价、学生对教师实践教学的评价及学生对自己实践学习的评价。值得注意的是，得分最高的是学生对教师实践教学质量的评价，得分均值均在 4 分以上；其次是学生对自我学习质量的评价，均值波动于 3.9 分上下；最后是学生对学校实践教学质量的评价，得分均值处于 3.74~3.91 区间。全部问题中均分最低的问题是问题 2 和问题 3，均值分别为 3.74 和 3.75，问题涉及学校及时补充、更新设施设备情况及学校设施设备齐全、完备情况，可见学校在为学生提供实践活动学习设备方面的工作未能使学生感到较为满意。此外，学生在自我评价方面的得分介于"一般"与"比较满意"之间，故可看出学生对自身实践活动学习的评价亦未达到比较满意的程度。

第四节　全面质量管理视角下高校教学管理质量评价的整体情况

此次评估主要采用德尔菲法和问卷调查法，针对高校的全面教学管理的评测结果令人较为满意，教师层面上的实操教学工作满足了学生较高程度的需求。然而，就实际教学管理现状来说，高校在教学工具、设备的使用率及教科书资料的应用等方面还需要给予更多的关注。

一、教学管理背景情况（A）

（一）学校顶层设计

教育机构的顶层设计通常涵盖其长远发展目标和教育实施方案两个核心层面。例如，某高校在制定战略发展规划时，可能会提出在未来五年内打造一流的教育品牌，着重培养具有创新精神和高技术技能的应用型人才，同时积极推行产教融合，与企业深度合作共同设计并实施教学计划。例如，在一次内部调查中，受访教师在对学校顶层设计的实施情况进行打分时，针对"学校在践行职业教育特色方面的努力"这一问题，平均得分为 3.5 分（满分为 5 分），这表明教师群体认为学校虽已着手落实职业教育的特色化方向，但在具体操作层面如课程内容与企业需求的对接、校企联合开发课程教材、共建实训基地等方面仍有较大的提升空间。一位受访教师表示："尽管学校在理论上有明确的发展愿景和合作办学的理念，但在实际操作中，我们仍面临课程内容滞后于行业动态、企业参与度不足等问题，导致教学方案与市场需求的匹配度尚待提高。"另一位教师则提道："我认为学校在顶层设计方面确实具有前瞻性，但在如何将这一愿景转化为实实在在的教育实践，特别是在课程设计和企业合作中实现深度融合方面，还需要更多具体措施和机制支持。"可以说，从全面质量管理的角度出发，高校在教学管理质量评价时，应对学校顶层设计的执行力度、职业教育特色的体现及企业深度参与教学方案设计等方面进行深入剖析和持续改进，以提高教学质量，满足社会对高素质职业人才的需求。

(二)教师教学理念

在探索教师教学理念对教学管理质量的影响时，笔者通过问卷调查和个别访谈等方式收集了一线数据。针对"教师对教学管理工作的热情程度"，调查结果显示，虽然只有1.8%的学生明确表示教师表现出高度的教学管理热情，但值得注意的是，高达98.2%的学生并未对此持否定态度，大多数学生在后续开放性问题的回答中透露出教师们虽然在教学管理热情方面表现可能不够明显，但他们对教学工作的敬业精神和专注度在授课方式上得到了充分体现，学生普遍对教师们的授课方式持有较高乃至极高的满意度。当被问及"教师是否在课堂上注重以学生为中心，着力提升学生的实际操作技能"时，学生们给出了积极的反馈。数据显示，大部分学生认为教师在教学过程中确实在努力贯彻"以学生为中心"的教育理念，通过各种实践活动、案例分析及互动教学等方式，致力于提升学生的实践能力和解决问题的能力。只有极少一部分学生对此持保留态度或有所质疑。另外，对于"教师是否有明确的教育目的"的问题，调查结果显示学生对此的信心非常足。绝大多数学生相信教师在教学中设立了明确的教学目标，每个学期、每门课程都有清晰的教学路径和期望达成的效果。在访谈中，有学生举例分享，他们的任课教师在开课之初便详细介绍课程大纲、教学目标及课程结束后希望学生能达到的知识和技能水平，这无疑给学生指明了学习的方向，从而提高了教学效率和学生的学习动力。总体而言，通过对这些定量和定性的数据进行收集与分析可以看出，在全面质量管理视角下，教师的教学理念及其在实践中的体现，对高校教学管理质量的提升起到了关键作用。尽管在某些方面如教学管理的热情表露上，教师或许还有进步的空间，但在以学生为中心的教学理念、提升学生实际技能和设定明确教学目标等方面，教师们的工作获得了广大学生的广泛认同和高度评价。

二、教学管理投入情况(B)

(一)师资队伍建设

在探究高校实践教学投入情况时，笔者尤其关注实践教学师资队伍的表现和投入程度。根据学生反馈调查表，笔者运用了一系列观察指标来评估实操课教师的综合素质和教学质量，其中包括"教师对学科专业知识的掌握程度""教师在实操课程中的引导技巧""教师在教学方法与教育革新上的能力""教师对实践操作安全意识的灌输""教师在教学过程中的职业道德水平"等多个维度。具体来看，通过对大量调查问卷数据的统计分析发现，在"教师对学科专业知识的掌握程度"这一指标上，学生给出的平均评分为 4.07 分(满分 5 分)，显示出学生普遍认为教师在专业领域具有深厚的知识底蕴和扎实的教学基础；在"教师在实操课程中的引导技巧"上，平均评分达到了 4.10 分，可见教师在实践教学环节能够熟练有效地引导学生进行操作练习，提升学生的实践能力。进一步，在"教师在教学方法与教育革新上的能力"这一评价指标上，学生给出的平均分接近 4.12 分，这反映出教师在教学方法和教育理念上勇于尝试和创新，能灵活适应现代教育发展的需求；在"教师对实践操作安全意识的灌输"方面，平均得分为 4.11 分，证明教师高度重视实践操作的安全教育，能在传授知识技能的同时，培养学生良好的安全意识和规范的操作习惯。至于"教师在教学过程中的职业道德水平"，学生对该项的平均评分为 4.13 分，这强有力地表明教师在日常教学活动中展现了高尚的职业道德素养和人格魅力，赢得了学生的尊重和信任。以一次访谈为例，机械工程专业的一名学生表示："我们的老师不仅在专业知识上让我们叹服，他在实践教学中的耐心指导和对安全规范的严格要求更是让我们受益匪浅。他经常引入最新的技术和设备进行教学演示，让我们了解行业前沿，并始终坚持遵守职业道德，是我们学习的楷模。"

(二)教学设施设备

在对高校实践教学设施设备的评价过程中，笔者依托学生反馈调查表，从多个维度进行了详尽的考察和评估。调查问卷设计了多项关键指标，用于反映教学设施设备情况。首先，在"教学辅助人员配置"的指标中，通过询问学生具体的师资配备情况，学生表示 60%的课堂中配备了教学辅助人员，这也体现出学校对教学辅助人员的重视。其次，在"教学设施设备"这一项上，调查问卷显示，学生对实践教学设施的管理制度、维护保养和故障处理效率等给出了平均 3.5 分(满分 5 分)的评分，显示出在设施设备管理层面，虽然学校已经建立起一定的制度保障，但仍有很大的空间提升设施设备的日常管理和维护水平，以便确保实践教学活动的顺利进行。再次，关于"设备利用率"，超过半数的学生对现有实践教学设施的使用便利性和实用性给予了肯定，平均评分为 3.8 分。然而，也有不少学生反映部分设施设备老化、落后，无法满足现代化教学的要求，还有部分设施设备因维护不到位，时常出现故障，影响了正常教学秩序，这部分学生的满意度评分为 2.53 分。最后，在"教学材料"这一指标上，尽管学校为学生提供了多种实践教学工具和平台，但是从问卷反馈来看，部分工具利用率较低，功能未能充分发挥，部分学生反映缺乏有效的指导和培训，使其难以充分利用这些工具辅助学习，这一项目的平均评分为 3.2 分。总的来看，虽然高校在实践教学设施的建设和管理上取得了一定的成绩，但从学生的反馈来看，无论是设施设备更新的速度、管理维护的精细度，还是设施设备的使用体验和配套工具的实用性能等方面，都还有待进一步改善和优化，以全面提升教学质量，满足新时代教育发展的需求。通过以上问卷数据和部分访谈记录，我们更加明确地认识到实践教学设施设备在提升教学质量中所起到的关键作用，同时也为高校今后改进实践教学设施设备的配置与管理提供了极具价值的参考依据。

(三) 教学材料

教学材料的投入和资源使用状况直接影响到高校教学质量的高低，这一点在调查问卷中得到了充分反映。在量化评估环节，学生评估调查表特别关注了与实践教学密切相关的三大主题：一是"设施设备满足教学需求"，包括实践教学组织安排、教学过程监控、教学效果评估等方面，这关乎教学活动能否有序、高效地开展，以满足学生的学习需求；二是"教学教材编选"，即教学内容的时效性、针对性及与行业发展的契合度，这决定了教学资料能否有效辅助学生理解和掌握专业知识，培养实践能力；三是"教材实用性"，涉及实验室设备、实训场地、网络资源等各种教学条件，这些资源的充足性、先进性及利用率，直接影响学生在实践操作中的收获和体验。通过对上述三个观测点对应的问卷进行统计分析，我们发现，学生的平均评分均未超过 4 分(满分 5 分)，这表明学生对当前设施设备是否满足教学需求、教学教材编选和教材实用性等方面并未给出高度肯定的评价。当被问及"设施设备是否满足教学需求"时，许多学生反映在实践教学环节尚有提升空间。

(四)教学保障

在对高校实践教学制度进行全面评估的过程中,笔者通过精心设计的"教师评估调查表"深入了解了制度层面的诸多关键要素。一方面,"教学管理机构是否适当"这一指标,主要考察高校是否建立了科学合理的教学管理体系,包括组织架构的设置、部门间的协调配合及岗位职责的明确划分等,这对于实践教学活动的高效运作至关重要。另一方面,实践教学管理制度,旨在评价学校是否在教学管理中确立了权责明晰的责任体系,确保每一位教师都清楚自己在实践教学中的角色定位和任务要求,从而提高教学管理的执行力。

三、教学管理过程情况(C)

(一)教学方法

在学生针对教学方法的评估调查表中,分别从教师教学模式和学生学习方面来对整个教学质量与效果进行评估。从教学模式来看,教师的教学准备、课程主题设计、授课方法及整个教授过程被列为衡量教学质量的核心组成部分。这些环节构成了学生获取知识与技能的重要路径,并且每个环节的表现都会直接影响学生的学习体验和最终的学习成果。从调查结果来看,关于教师备课的充分性、课程主题的针对性和授课方法的有效性等方面,学生给出的评分均显示出较高的满意度,平均分均超过了4分的基准线,这意味着学生们普遍认为教师在课堂内容的设计、教学方案的策划以及实际讲授方式上做得相对出色,能够较好地激发他们的学习兴趣并促进知识的理解吸收。此外,从学习方法层面来看,即学生自我评价问题上,平均得分却低于4分,这揭示了学生们在自我反思与总结能力培养方面感到尚有一定的不足,虽然整体上学生对教师教学过程持有较正面的态度,但同时也期望能够在课程结束后获得更多的机会进行深度自我评估和学习成果梳理。同时,教学方法作为教师评估问卷中的核心考量因素,不仅体现了教师的教学技术和创新能力,也直接反映了当前学校的教育流程及教学模式的运行状况。针对"学校是否正在实施新的教育策略以适应不断变化的教育需求?"这一问题,学生的反馈表明,学校虽已采取一定的更新举措,但总体评价趋于中等水平,既非显著落后,亦非遥遥领先,表现为"普通"等级的接受度。同时,当问及"学校是如何结合实际操作学习的方式来培养学生的实践能力和解决问题的能力?"时,学生的回答多倾向于"相当满意",显示出学校在推行实践教学、强化动手能力和应用能力培养方面的努力得到了学生的认可。不过,这也提示我们,即使在取得一定成效的同时,学校仍有继续探索和改进的空间,以期更有效地整合理论教学与实践教学,全面提升学生的综合素质。

(二)教学监控

在学生评估问卷中,"实践教学计划的审核""学生实践活动的监督"两个方面被视为评价教学管理效能的核心要素。这些指标透彻地反映了学校在教学管理各个环节的实际运作状况。根据收集到的学生反馈信息,高校能够了解到学生对当前教学管理的整体面貌持相对正面的态度,认为学校在维持教学秩序、执行教学计划和推进教学活动等方面展现出了较高的管理水平。然而,在深入分析学生的具体反馈时,笔者注意到在实践考试形式、实践教学内容的选择和实践活动的组织安排等方面,学生们的满意度并不理想,他们对现有的实践考试体系抱有改进的期望,认为实践考试形式应更加贴近实际,测试内容应该更能检验他们在实际操作和解决实际问题方面的能力。此外,学生们还表达了对实践工作岗位配置的关切,希望能够根据个人特长和兴趣进行更合理、更有效的安排,以提高实践活动的参与度和学习效果。另外,学生对"学生自我动手能力的培养"给予了积极的评价,认为学校在鼓励学生自主学习和实践操作方面做出了积极努力,教师们在"重视并积极参与师生互动"方面得到了学生的高度认可,这彰显了学校在推进个性化教学和活跃课堂氛围上的积极作为。在教师评估问卷中,"教学监管"同样是考察教学管理效果的关键指标,它涵盖了"教学考核"和"教学监控"两个层面。针对学校在课程实施过程中对教学表现要求的不断提高,以及将学生的实际操作能力更广泛地纳入整体评分体系的趋势,教师们的反馈表明,尽管对此类改变持一定的肯定态度,但总体评价并未达到非常高的满意度,大体落在了中等偏上的区间。这表明,尽管学校已经在教学管理和评价体系改革上迈出了积极的步伐,但仍需进一步加大教学监管力度,优化教学考核机制,特别是如何更公正、科学地评价学生的实践技能和创新能力,以及如何在教学实践中有效落实和监控这些新标准,成为下一步亟待解决和完善的议题。

(三)教学改革与创新

教育改革与创新的现况通过"评估方式改革""实践地点探索""教学方法改革"这3个主要因素表现出来,其各自反映出的问题分别是:首先,在"评估方式改革"方面,学校正持续努力调整传统的考核评分体系,试图转向更为多元化的评价标准,不再单一依赖传统笔试成绩,而是结合项目作业、实践操作、团队协作、创新思维等多种考核方式来全面评估学生的学习成果。尽管这一转变已在进行中,但从教师的评价来看,学校的多元化评价策略并未达到非常理想的实施效果,教师们认为当前的变革仍处于摸索阶段,还未充分展现出其应有的效能和影响力。其次,在"实践地点探索"的提升上,学校积极开展实践学习基地和配套设施的建设,以增强教学管理的实效性和学生实践能力的培养。通过与企业、社区及其他教育机构的合作,搭建起一系列先进的实践教学平台,为学生提供丰富的实践锻炼机会。这一方面的举措受到了师生的广泛关注和肯定,表明在提升教学管理效能层面,学校取得了一定的进步。最后,"教学方法改革"也是教学改革与创新的一个重要方面,教师们在实际教学过程中积极探索和采用新颖的实践学习技巧和教学方法,力图打破传统的讲授模式,转而采用启发式、研讨式、情景模拟等多样化教学手段,激发学生主动学习的积极性。尽管教师们在创新教学方法上做出了不懈的努力,但对于学校在这一领域的总体评价,学生和教师的反馈似乎并不一致,教师认为在教学策略改进上仍有较大的发展空间。

针对"学校的多样化的评估机制和多元化的评判者"这两个指标,学生的反馈相对积极,他们对学校尝试引入多元化的评估方式和多元评判主体表示欢迎,认为这有助于全面展现他们的能力和素质。然而,当向教师询问学校在"持续改进并实施多种评估策略"方面的表现时,教师们的回答却显得并不那么乐观,他们认为学校的评估策略改革还存在诸多不足,需要进一步深化和完善。

四、教学管理效果情况(D)

(一)学生参与情况

在教师评价问卷中,对学生的课堂参与情况进行了详尽的评估,主要从四个核心方面展开，即"工作态度""过程配合度""参加比赛的积极度""学生出勤率"。这些评价指标全面反映了学生在教学活动中的主动性、协作精神及对课程的投入度。首先，在"工作态度"方面，教师通过观察学生在课堂上的专注度、主动提问、积极参与讨论等行为，对学生的学习态度进行了细致入微的评价。调查结果显示，平均得分达到了 4.05 分，这意味着学生在课堂上展现出较强的学习积极性，他们乐于接受新知识，勇于表达自己的见解，并能积极参与教学互动。其次，在"过程配合度"这一指标上，教师们主要关注学生在小组合作、课堂活动中的协同配合情况，以及对教师教学计划的响应程度，平均得分为 4.07 分，证实了学生在配合教师教学、团结同学共同完成学习任务上，表现出了较高的配合度和协作精神。再次，针对"参与比赛的积极度"，教师们通过评估学生参加校内外各类学科竞赛、实践活动的频率和成绩，来考察学生对实践技能的追求和拓展性学习的热忱，平均得分为 4.03 分，这表明学生在课外学术活动方面具有较强的参与意识，愿意通过参加各类比赛来锻炼和提升自己的专业技能。最后，在"学生出勤率"这一硬性指标上，学生们的平均得分为 4.19 分，反映出学生对上课的重视程度及对学习纪律的遵守情况良好，大部分学生能够按时到堂上课，保持稳定的出勤记录。

(二)学生在校成绩

在评价高校教学管理效能时，学生在校期间的学业成就无疑是一项核心指标，主要包括"学生考试成绩""实践作品评价""竞赛获奖情况"三方面。这三方面不仅展示了学生对理论知识的掌握程度，而且凸显了他们在实践操作、创新思维和职业技能等方面的成长。首先，从"学生考试成绩"角度来看，教师通过对学生平时测验、期中期末考试、课程作业等学业成绩的持续追踪与分析，可以大致反映出学生对所学课程内容的理解与掌握情况。数据显示，大部分学生在课堂学习方面取得了良好的成绩，这在一定程度上体现了高校在理论教学方面的有效性。其次，在"实践作品评价"和"竞赛获奖情况"指标中，则更侧重于学生的实践应用能力和综合素质的提升。教师通过对学生实习报告的质量评估、参与各类学科竞赛的成绩以及在实验室、实训基地等场所展示出的实际操作技能水平，普遍对学生的实践能力和职业能力的提升持肯定态度。比如，学生在实习过程中所展现出的解决实际问题的能力、在比赛中所展示出的团队协作和创新能力，以及在实际操作中体现出的扎实功底，都得到了教师的积极评价。然而，在对"学生毕业设计"的评价方面，教师们的反馈则略显不满。毕业设计不仅是对学生大学四年所学知识的综合检验，也是对未来职业生涯的一种预先演练。然而，根据教师的反馈，部分学生的毕业设计在选题创新性、研究深度、实际应用价值及呈现方式等方面尚存在不足，这在一定程度上反映出高校在培养学生高级别创新能力、独立研究能力和解决复杂问题能力等方面仍有待进一步加强。

(三)学生综合能力与素质

在实践教学成果评价中，学生自我评估是一个极为重要的环节。学生们主要通过亲身参与实践教学活动，对自身在学习过程中对理论知识的理解程度、关键职业技能的掌握情况，以及对实践学习的兴趣和积极性的增长等方面进行深入而细致的自我反思和评估。根据收集到的学生反馈数据，大部分学生承认在"基本理论知识"的学习上有所收获，他们认为自己已经掌握了所学专业的基础知识，能够将其应用于简单的实践操作场景。然而，当涉及"关键工作能力的掌握"这一方面时，尽管多数学生反映在课程结束时，其操作技能相较于课程开始阶段有所提升，但他们对自身在解决实际工作中复杂问题的能力、技术创新应用能力及团队协作能力等方面的成长并不完全满意，认为还有很大的提升空间。此外，关于"实践学习的热情提高"这一指标，学生们普遍反映实践教学活动使他们对所学专业产生了更浓厚的兴趣，实践过程中的体验让他们更加热爱学习和探索，但这种热情的持久性和转化成行动力的程度仍有待提高，部分学生反映在面对长时间、高强度的实践任务时，会出现学习动力下滑的现象。

尽管在上述三个方面，大部分学生反馈的结果表明他们对教学质量评估在一定程度上感到满意或一般满意，但从整体上看，学生的自我评估分数并未达到理想的高度，显示出他们对实践教学效果持一定的保留意见。这就意味着，高校在职业教育实践中，需要进一步加强对学生实践能力的培养，深入挖掘职业教育的内在特点，制定更为精准和个性化的实践教学策略，以全面提升学生的实践能力和职业素养，从而达到真正的教育目标。同时，也需要关注如何通过激励机制和心理辅导等方式，激发并保持学生持久的学习热情和实践动力。

在全面质量管理视角下，企业对高校毕业生的认可度是衡量高校教学管理效能的一个重要外部指标，它不仅反映了高校教育质量的市场适应性和实用性，还体现了高校人才培养与社会需求的契合度。为此，教师评估问卷中专门设置了"专业基础知识""企业相容性""专业实践能力"三大关键评价维度，以此来评估毕业生在企业中的适应性和绩效表现。首先，在"专业基础知识"方面，教师们对毕业生所具备的专业理论知识给予了较高的评价，认为其足以满足企业日常生产运营所需的基础知识要求。这意味着高校在理论教学方面已成功为学生构筑了坚实的专业知识基础。其次，在"企业相容性"这一指标上，教师们对毕业生进入公司后的实习或工作适应状况给出了积极的反馈，认为他们在企业文化适应、团队协作及沟通能力等方面达到了企业的基本要求。这显示高校在素质教育和职场技能培训方面取得了成效，助力学生更快融入企业环境。然而，在"专业实践能力"这一核心指标上，教师们的评价则稍显保守，他们给出的平均分数并未超过 4 分，这意味着高校毕业生在实际操作技能方面尚不能完全满足企业的高标准和严要求。这一反馈暴露出高校在实践教学环节的短板，可能表现为实验室设备陈旧、实践课程设置不合理、校企合作深度不够等多重问题。可以说，尽管高校在提升学生的基础知识和适应能力方面取得了一定成绩，但在实际操作技能的培养上仍有待进一步加强。高校应深入分析这一评价结果，依据全面质量管理理念，从优化实践教学体系、拓宽校企合作渠道、强化教师实践教学能力等方面着手，不断完善和提升教学管理效能，确保培养出更多既掌握扎实理论知识，又具备高水平实践技能，深受企业欢迎的优秀毕业生。

第七章　全面质量管理视角下高校教学管理存在的问题及反思

通过德尔菲法和问卷调查的验证之后，笔者发现当前高校的教学管理工作呈现出持续向好的趋势，但在实践调查与探讨过程中，由于各高校的教学管理情况有所差异，且各高校的质量管理侧重点有所不同，因此本章基于全面质量管理的视角，对高校教学管理工作中存在的问题进行总结与探讨，并基于这些问题分析当前高校教学管理工作中存在问题的原因，为高校的实际教学管理工作的开展指明方向。

第一节　全面质量管理视角下高校教学管理工作存在的问题

随着我国高等院校教学改革的持续深化，高校的教学管理能力得到了一定的提升，从过去的"应当如此"的管理模式逐步转向"实际操作"。教学管理的制度构建及革新也取得了进步，建立起一套完整的教学管理体制，推动高等教育事业向前发展。然而，这个教学管理系统仍然存在不足之处，并不能与现今高校内外的教学环境完美匹配。因为该教学管理系统过于依赖传统的教学管理思维和实践经验，没有受到现代管理观念的影响，导致了许多问题的产生，对我国的高等教育质量产生了负面影响。

一、缺乏弹性，限制学生的自由发展

受"苏联式"学年制的约束，我国的高等教育机构在其教学规划与课程安排方面不灵活：自入学至毕业，所有学生都遵循相同的教学方案及课程列表；教学计划、学业期限、课程设计、注册管理等均有严谨的管理流程并保持一致的标准

要求；而学生的成绩评估、奖学金评选、优秀生选拔等也完全依照固定规则，过度规范化导致学生个性发展受到严重束缚，具体表现为无法自主选择课程、转专业的难度较大、课堂管理的严苛程度高、考试制度不够科学等。

我国教育体系中存在这样的现象，部分大学生并不喜爱必修科目，被迫去完成它们，之后参加相关考核。与此同时，一些有吸引力的学科可能无法提供足够的名额供所有学子参与，即使提供了，仅能服务少量学生。另外，高等院校的教育规划分配呈现出严重的不均衡状态。如关于英文，据统计，我国的在校研究生平均每周需要花费大约 4 小时来专门研究这门语言技能，尽管如此，这个比例仍然只占据其全部学业任务的一成左右。目前大部分高等院校宣称实施自主化选课制度，并在院校的教务管理系统里增加了大量可选项，可大多数学生并没有真正的机会按照自己的意愿与喜好做出抉择。因此高校必须承认当前很多学校的实际操作方式是把这种自我决策权限制在一定的范围之内，而不是真正意义上的完全放手由学生自己做主。当选择课程时，必须优先确保对必修科目及有限制的选择科目加以学习。每年的总学分(包含必修课、有限制的选修课与任意挑选的课程)可由个人依据自身需求自主设定，通常不能低于 15 个学分，但也不应超过 32 个学分。部分院校已经实施了一系列的规定和策略，旨在提升大学生的人文素养，并拓展他们的知识领域。但从另一个角度来看，学校的一些规则和政策实际上阻碍了学生们学习的自由度。如南开大学的规定是："理科生需完成至少 8 分的文学选修课，而文科或语言类的学生需要完成至少 6 分的科学选修课，所有的艺术类选修课要求达到最低 2 分的标准"。

原本大学生兴趣所在的专业领域应被视为他们的首选目标，但在很多学校这个诉求却并非简单易得。不仅是各院校之间的转移存在诸多阻碍与挑战，至于更换专业或是调整自己研究领域的想法更是想都不用想。

其一，现行的教育体制并没有完全给所有希望变更自身所学科目的学子们机会去追求理想的职业道路，尽管一些高等教育机构已经开始尝试并实施相关政策来支持学生的自由发展需求；其二，学校的决策体系往往倾向于表现更加出色的学生调换专业，使得大部分渴望寻求新的知识环境以提升自我能力的学生无法实现这一愿望；其三，最后一种制约性的力量则是来自有限的教育资源分配问题，即便某些院校愿意为学生们敞开心扉使他们有机会探索不同的可能性，但在实际操作过程中仍然会受到各种条件的约束，导致结果的不确定性增加。

　　在我国的一些高等教育机构中，大学生并未得到作为"大人"的待遇，反而像小学生一样被对待。原本应充满活力的高等院校课程，毫无生气，那些以理科为主导的学院，科学管理的观念已经深入本科教育的每一个阶段，学校的管理规定甚至比中小学更为严苛。下面是某所大学的《课堂教学秩序管理条例》中的部分内容：第一条要求大家遵守课堂规则，专心致志学习，积极参与讨论；禁止在课堂上窃窃私语，不允许进食，不能用手机；课堂里不可以抽烟，不可随处丢弃垃圾，也不可以打扰他人上课。第二条指出，回答教师的问题需要站起来，回答完之后再坐下来；如果想要主动回答问题，必须先向教师申请，获得许可后才可起身发言。第三条强调不要迟到也不要早退。如果因特殊情况导致晚到的学生，需征得授课教师的同意后方可入座。第四条提倡保护讲台卫生，每一节课后或课间都由学生清理无关的内容。第五条明确提出，任何人都不能擅自移动课堂内的设备，离场时务必关闭门窗及灯光，培养节能环保的生活习惯等。

　　相较于传统的学年制，学分制的优势在于其更加关注学生的个人成长及课程选择等方面的具体需求。在教学管理过程中，只有当学生满足规定的学习条件（如获得相应分数）并成功获取学分时，其才能顺利毕业并拿到相关的学历证书。不能否认的是，考试作为一种关键的管理工具贯穿了学分制教育的始终。无论采用学年制还是学分制，高校仍无法摆脱依赖考试作为主导评价方法的局面，每所学校都有严谨的考试规章制度，高校的教学管理重点往往放在统一测试、强制参加考试及封闭式答题上。虽说考试是一种有效检测学生理解能力和技巧的重要方法，但过大的考试压力可能导致部分学生为应付而过度准备，使得其知识体系变得支离破碎，进而使得整体的人才培育水平和效率普遍降低。此外，"上课做笔记、临考前复习笔记、考试后再扔掉笔记"的情况在高校非常普遍，这也与高校当前的教育体制密切相关。目前，我国现有教育体制的主要缺陷表现在以下几个方面：首先，考试模式过于单调，主要是基于闭卷形式；即便有些实践性和操作性的科目也用闭卷形式去检验学生的能力。口试与开卷测试并未得到适当关注；其次，考试次数繁多。实际上，一些科目通过日常任务如作业、研讨会、论文或实践活动即可检测学生是否达到教育纲领要求。特别值得一提的是，高校的公共英语考试让绝大部分学生感到压力较大，而部分院校明确表示不会给未通过四级考试的学生发放学位证书。最终结果是，标准化英语考试塑造了全学程内的大学生学习模式。所以，考试制度的变革应该被视为我国教育教学管理改革的核心内容。

在我国当前的教育体制里，课程时长通常较长且授课内容过量，主要采用填鸭式的教育方式教授给学生大量信息；同时，由于缺少对学习者的自学能力和独立活动的支持与鼓励，其个人成长空间受到限制，并可能产生相似的学习成果，使得他们难以获得全面而深入的专业技能或思维模式的发展机会。因此，这样的环境不仅不能满足每个个体独特的需求及潜力挖掘需求，还可能造成时间的无谓消耗并对优秀人才的培育带来负面效果。就像沈亚平老师的研究所表明的，从学校管理角度来看，过于强调学校的主体地位并将学生仅仅看作被动的接受者、使用单一的管理工具去实现这一目标是较为具体的做法。然而正是这样的价值观产生了固定化的规则系统，其中最显著的问题表现为以下两点：一是过度追求统一化，忽略了个体的特殊性和个体的进步要求。二是对自身的行动并未加以有效的制约从而未能尊重并且保障好学生们的合法权益。

二、强制性约束，削弱了教师的工作热情

目前的教育体系阻碍了大学生的个人进步，同时也在某种程度上损害了教职员工的工作热情，影响了教育工作者个性和创造性的发挥。在我国高等教育体制内，教师往往成为管理对象，更多地处在受限、被控制的状态下，这一点可以通过高校的教学管理工作规定得到证实。

一方面，为确保正常的学习流程和学习氛围，提升教学质量，降低各类教学事故的发生率，并在问题发生后能迅速有效地解决，部分高等院校已经实施了一套教学事故认定方法。然而，这些教学管理的某些条款限制了教师的教育自主权。比如，在某技术大学发布的《教学事故认定及处理办法（试行）》里，对于教学事故有以下定义：教学事故分为一般教学事故和重大教学事故。在短暂的时间内，仅在有限区域产生的影响是普通教学事故。重大教学事故包含教师未经授权停止授课、缺席、调整课程安排、削减教学计划中的教学内容及课时数目，或由于非必要原因导致超过二十分钟的迟到或提早离开课堂；教师或相关人员提前透露考题信息；教授、指导员或是相关的工作人员丢失学生的试卷，从而使得评分结果难以确认，伤害了学生利益；教师或教学管理者私下修改学生分数，或向不符合条件的学生发放相应的文凭、资格证、注册记录、成绩单等。如果教师在讲

堂上使用手机、接收短信或打私人电话，将会被视作一次重大教学事故，可能会因为其程度不同处以扣发薪资补贴、工作变动、行政处罚直至解除聘用关系等惩罚。高校设定基础的教育规定是无可厚非的，然而，这些规定应避免过度限制教职员工的教育活动与教育方式，由于过于注重一致性，可能会抑制广大教师的主动性和创新精神。

另一方面，为提升学校教育质量，强化教学流程的管理控制，确保教学活动的有序运行及教学持续进步，部分高校基于之前的专家听课评审体系建立了新的教学监察机制。该教学监察小组由分管教育的副校长直接指导，并在教务部门的支持下承担相关教学质量监测任务，包括审查教学程序、教学水准、教学质量等方面，以保障教学工作正常开展。此外，部分高校设有专门的办公机构，如隶属于教务处的教学质量监管科室来处理日常事务。华东交通大学的教学监察规范明确了五个核心责任：第一是针对教师的讲堂表现做出评分；第二是通过组织听课活动，对教师讲解的内容、教学方式、教学成效等作出评估，同时也应指出教师在授课过程中的一些优势和不足，并提出改善意见。评估结果被视为衡量教育工作者教学品质与成果的关键指标之一，需要对实验室操作、实训项目、课程论文及毕业设计(论文)等方面进行全面评估；第三是深度介入学校的专业发展、课程完善审核工作中；进一步接触教学环境，了解教学状况，并就学校教学规划和基础教材修改等问题提出建议；第四是在学校的教育教学改革进程中为校方提供关于教育变革策略的指导性建议；第五则是受相关部门委派，参加各种类型的教学审查、评估比赛和奖励评选活动；同时开展关于学校教风、学习氛围、教学质量、办学特点和教学水准的研究，以便收集教学相关资讯。

总而言之，虽然教学监督机制确实能推动高校教学活动的顺利进行、监控教师的教学行为动态、协助新手型教师提升技能，但其也存在显著的消极影响，即对教师的自尊心和教学自主权构成一种挑衅——学校的教育监察者以公开听课或隐蔽观察的方式对教职员工的教育状况加以了解。没有任何一位监察人员能精通所有科目内容，并且许多监察者的教育理念较为传统，专业技能也已过时，且知识范围有限。其对于年轻和年长的教师作出的评价可能会产生负面影响，导致教师们遵循规定，按照既定步骤准备课程、讲解、分配任务并批改作业，妨碍了其在工作中展现出主动性和创新精神。

三、教学管理队伍建设落后

相较常规的管理职责，学校的教学管理更具独特性，主要目的是为人才培育提供支持，且重点关注教职员工及学生群体。高校的教学管理并非普通人理解的行政类或服务类事务。作为推进并深化高等教育的关键角色，教学管理者承担着制定和实行相关策略的责任，对其能力要求较高。新时代，除构建高质量的专门技术型师资团队外，高校还需要建立同样优质的教育教学领导团队，以加强对专任教师在业务方面的培训。但现实情况是，当前教学管理团队的发展仍显不足，无法满足当前的教学管理需求，管理者的总体素质还有待提升。

实施学分制度及课程选择机制对高等教育机构的教育管理者所需具备的专业知识、技巧和思维品质已经提升到更高标准：他们需要拥有专业的学科素养，拥有先进的管理理念，同时能运用科学方式来教学。高校必须认识到，现有的教育管理团队成员的人才构成和能力水平并未完全达到这些要求。学历层次较低依然是我国高等院校教学管理团队建设的核心难题。学校的人事机构并没有充分认识到教育的职责及其重要意义所在，因此常常忽略对于工作人员的能力评估和个人特质的需求评估。

当前高校的行政团队主要由三个群体组成：首先是一批长期服务于该校并熟知校园内各种情况的老员工，他们积累了很多宝贵的实践经验，但并未深入学习相关学科的基础概念或原理；其次就是一些年轻的中层领导者，这些人在工作中表现出色并对整个体系产生了积极的影响，不过遗憾的是他们并未受训而成为一名合格的专职工作者；最后则是那些有着本科学位及以上资质的技术型人才，这些人不仅具有高层次的学习技能，还熟谙各类课程的特点，只是相较而言实战经验仍显欠缺。根据教育部针对全国的 96 所院校的主管负责人做的随机样本分析结论，共有 7 名校长持有高级职称(即博导)，比例为 7.3%，其他 50 多人则仅仅持有一个普通学衔；此外还有许多基层领导干部未能接触最新颖的前沿思维模式，导致实施出来的政策方案无法达到预期，甚至出现偏差。

由于受计划经济体制下的旧习俗与制度的制约，高等教育的教务管理工作显得死气沉沉且缺乏创造力，使得负责此项工作的员工缺少创新思维。一方面，高校通常会大量雇用但较少培育这些工作人员，导致其经常被困于繁杂事务中，几乎没有机会去深造或进一步提升自己，所以有相当部分的教育管理者并未接受过专业的教学管理训练，在处理教育教学问题时，主要依靠直觉性的解决方法。另一方面，大多数教育管理工作者只是机械地遵循国家的相关教育规定，能否遵从领导指令成为衡量他们是否胜任的标准，这也使很多教育管理者养成了跟随潮流、循规蹈矩的习惯。

四、理论重视度高，实践教学管理单一

目前，我国的教育观念和人才培养方式还没有得到实质性改变，仍然依赖于传统的思维模式。现阶段大多数应用型高校仍保留着传统思维模式，教学过于重视理论和知识讲述，忽视实践操作，同时实践操作设备投入和人才培养投入也相对匮乏。尽管现阶段我国的高等教育已实现对应用型教学的重大突破，众多高校设定了相关实训课程并尽可能地给学生创造实践机会，然而并未构建出一套以培育实用型人才为主体的全面的实际操作培训框架。实际上，目前实际操作训练中的教案设计、设施设备配置、理论引导及评价制度等方面还存在不足之处，整体上的实际操作训练结构并不完备，各部分之间的配合与连接也不够顺畅。

如应用型高校实践教学管理通常局限于校内范围，然而，负责实践教学的教师不仅包括校内专业教师，还需聘请行业工程师担任兼职教师。校外的兼职教师具有自身特点：①兼职教师具备技能工程师资格认证，但无高校教师资格证，部分兼职教师学历或技能未达到高校教师岗位要求；②兼职教师的实践教学方式与高校教师的教学方式可能有所不同，主要区别在于兼职教师更注重技术教学的实用性和实时性，缺少基本理论、教学方法策略等思想方面的教学。应用型高校对于合作的产教融合企业，要在国家有关制度框架内制订有针对性的管理办法，以有效的过程监管来提高教学质量，因此，实践教学管理体系构建是应用型高校进行产教融合必不可少的一个环节，但是实践教学的欠缺也是当前高校教学质量全面提升的一大障碍。

五、教学评估体系不健全

鉴于我国高等教育评估的发展相对较晚，其导向思想尚不清晰。随着高校管理体制的持续改革，现行教学评估系统的缺陷逐渐显现出来。

目前，高等院校主要通过接受外部评价或行政审查的方式，以达到对其教学质量的评估。这样的结果通常以等级划分或优秀评选的形式呈现出来，体现了教

学评估的终结性质，而非持续改善及服务于决策的功能。换句话说，这种类型的教学评估在某些高校产生的效果类似于过去的上级机构对下属单位的管理审核。部分高校可能会为应对教学评估而集中准备课程，采用统一的教材，受评估方可能并不积极地投入评估过程，甚至产生逆反心理。有些人觉得评估只是一种表面化行为，对于学校的教学活动并不能产生实际影响；甚至有人认为评估干扰了正常的教学进程。虽然这些观点存在一定的偏颇，但根本上是由评估手段和方法不当所导致。

目前，关于教学评估的时间安排及具体操作方法(如定量与定性的数据处理)并未形成统一认识。部分学校仅将评估表格交予教师自行发放并让学生填完后收回，而这可能导致学生出于面子或被施压而不敢给出真实反馈的情况出现。也有一些学生可能会采取无所谓的态度，随意地在评测表格里写下评测内容，使得评分失去真实性与规范性。此外，确定合适的评估时段也很关键，通常建议在课程结束后的测试前进行，原因在于：此时可以让学生在一个完整学程内对教师的授课水平有深入理解，能较为准确且公正地体现出评估效果；同时也方便其对比各个教师的表现，避免因个人考试分数而影响对教师的评判。然而，当前国内大部分院校往往会将其合并到学期中的教学审查环节来完成，虽然节约了时间，但也易出现形式化问题，进而降低评估结果的可靠性。

实际上，教师评价的有效性和可靠性主要依赖于测评者对于测评技巧与工具的准确理解及适当应用。高校课程评估涵盖对各种类型的测评手段和工具的使用，这些测评手段和工具各具特色并能产生不同效果。当前，我国高等院校普遍采用量化的评估策略，然而部分教师并未掌握如何制定数值表格、确保其效用和效率的方法，导致可能出现一种"过度量化"的情况，即所有教育环节都能够被衡量，且所有的测量结果都被认为是有意义的。

六、大数据与高校教学管理的耦合性有待提高

在大数据环境下，高校的教学管理工作当中会产生大量的信息资料。有效运用这批资源对高校的行政工作提出了挑战。"智能化""数字式""数位型"的管理模式正逐步取代传统的"人治"与"手动操作"，成为新时代校园运营的主流形态。当前中国正在积极推进现代性的改革进程，并在提升学校的整体素质方面取得重大突破。据教育部公布的数据表明，截至2023年，我国高校大学毕业生的数量

达到1158万人，同时硕士研究生的人数也在逐年增加，由此可见我国学历层次结构相当完善——从小学一直延伸到了博士学位，各个层级之间的衔接也是非常紧密有序的。然而，高校也应该看到这种进步并非一帆风顺，而是伴随诸多困难甚至危机，如由于过度依赖网络导致的安全问题等都是高校必须时刻警惕防范的问题之一。

一方面，高等教育的资料库系统并不完整。大数据时代，高等教育教学管理的数字化转型依赖于数据库基础设施的建设。根据高等教育教学管理数字化的实施情况和现状，高校的教育资源资料库系统有待进一步优化。如在大数据环境下，高校对于相关的教学资料的整合程度不足，未能构建一套系统的数据资源架构，导致教学过程中对信息的真实需求无法由现有数据资源提供，从而未能充分发挥数据资源在教育教学管理数字化过程中的潜在作用，限制了教育教学管理数字化发展。

另一方面，高校还面临教育数字化共享程度较低的问题。在这个大数据时代，基于互联网的信息化公用服务是高校信息的来源地之一。根据《中国教育改革发展报告》的建议，我国网络学习项目应被启动并执行以促进全国范围内的高等教育机构间的合作及相互补充的能力提升，这有助于推动高等教育领域内的知识融合过程——如何更好地组织现有资料以便更高效地将其重新分配或再次运用到新的领域中。然而，尽管有这些积极的措施支持，高校仍然受到了一系列问题的困扰：如过度的课业内容复制造成的投资成本增加，互动性和回应速度较慢的服务器系统等。此外，许多独立单位之间的沟通障碍而导致的"信息隔阂"也十分明显，不仅造成了时间损失，还使其难以达到真正的协同效应，因此很难形成一种可行的在线交流体系架构，使得高校的管理工作变得更加困难，并影响高校的持续进步。

第二节　全面质量管理视角下高校教学管理
工作存在问题的反思

在全面质量管理理念的指导下，高校的教学管理工作被寄予了更高的期望。然而，在实际运作过程中，不难发现高校的教学管理工作存在诸多问题，这些问题直接影响了教学质量和人才培养效果。为深入剖析这些问题，并从根本上加以改进和优化，我们需要从全面质量管理的视角出发，对教学管理工作进行全面、细致的反思。

一、"质量革命"：关于质量标准的反思

目前我国高校的教育水准究竟属于"优秀"或"一般"，"优秀"具体表现为何种层次，而"普通"又是何等程度呢？这构成了研究中国高等教育质量问题的关键因素。倘若此基础概念未明确，对事实的基本认识模糊不清，则各类的教育质量保证措施可能不会具有针对性和有效性，甚至会陷入形式主义中。由于基础信息的不确定性和模糊不清，导致了现在对我国高等教育的评估结果呈现出众说纷纭的情况，不同的立场会得出截然不同的结论。积极的态度和看法最初是通过新闻报道展现出来的，如"大学教育的品质持续进步""教学水平得到保证""软实力大幅提高""对大学的满意程度整体上升"等类似的文章标题，近年来频繁地被各大报刊引用。积极的表述也在各所学校的本科教育质量汇报里出现，大多数的汇报强调了教育的稳定进步，对于存在的问题往往只字未提或含糊其辞。另外，各种课程评价报告也是充满希望，其中只有"特点"这一项被视为常见的不利因素，其余所有项目都是优秀或者良好，因此评定结果自然令人满意。同时，通过近年来出现的各种级别的"教学成果奖""教学名师""教育改革计划""优质产品""优秀课程""顶级教师"等称号和头衔，我们能感受到高校积极的态度。这么多优秀的"教学成果""优质产品""顶尖人才"的存在，让人无法不对未来充满希望。

然而，消极的观点也时常出现。同样的，在某些传媒中，诸如"教育水平急剧下降""大学生对学习失去兴趣，大学四年的时光被荒废了""教师不再热爱课堂，而更倾向于研究领域""留学生数量以行动证实其趋势"等引人注目并令人不适的文章标题屡见不鲜。社会普遍观点认为，像"放羊放水""学不到知识"等消极言论迅速传播并广泛存在。同时，也有一部分专门的研究项目，通过不同的视角展示了高等教育质量的一些潜在问题。

《中国高等教育质量报告》和《全国高等教育满意度调查报告》等一些重要的研究报告对我国高等教育的质量问题进行了广泛的研究论证。第一篇研究报告强调的是以充足的教育信心和理性的自我反省作为主旋律，证明了我国的高等教育在满足社会需要、实现培训目标、保证高质量教学水平、提供足够的资源及获得学生的认可等方面有着明显提升。而第二篇研究报告则针对全国范围内的大学生

进行了满意度调研，其结论表明尽管整体上对大学的满意度达到了 69.42%，但在排名倒数的前十位中，涉及"课程与教学"和"教师与学生的课后交流"等问题赫然在列，并且对于"教学方法"和"学习反馈"方面的满意度也相对较低。这两个研究项目都有着极高的复杂性和挑战性，因此出现一定程度的偏差是可以接受的，但是两个项目的结果存在明显差距确实是个实际问题。

自 21 世纪开始，所有关于中国高等教育的重大政策文件都聚焦于"质量"与"深度"这两个关键词，充分证明了政府部门对于国内高校教学水平有明确认识及评估。尽管具有影响力的政策文件并未针对中国高等教育的教育水平作出准确的评估与预测，然而其所设定的目标及详细规划却清晰可见，使得高校能够从中解读高等教育质量可能存在的缺陷与潜在风险。2013 年，主管机构的管理者们提出了一项关于"高等教育的质变"的问题①，这无疑是令人深思且震撼人心的。"高等教育的质变"这个短语代表了对于传统观念和事物的一种全面性的颠覆与抛弃，同时也象征着寻找一种全新的转变方式。通过这种说法，高校可以清晰地看到教育主管部门对于当前教育质量的不满，也能看出主管部门在改善教育质量方面的坚决态度。

二、"质量保障"：内外保障如何全面落实的反思

构建"内部外部支持系统"是我国高等教育进步的需求，同时也是全球各国的普遍发展方向。内外部的教育质量保障系统是一种复杂结构，许多研究将其描述为"大学自我保护""国家整体控制""公众介入监管"或"多方力量""确保协同作用""内在与外在的一致性"等。这种表达方式具有一定的合理性。然而，对于"内部"和"外部"的含义，"联合行动"的产生过程及前提，给出更加精确的定义和阐释并不容易。起码现在，高校在理论层面还没有彻底弄清楚这些问题，仍存在一些模糊不清的地方。假如就连这些基础概念在理论上都没有明确，要在实际操作时精准掌握并且执行，简直是困难至极。

在我国当前的教育行政体系下，由政府部门组成的外部保障机构被视为高校教学管理质量保障的有力支持者，并发挥着关键作用。近些年，为了确保高等教

①　于希嘉，张国平．迈向双重革新：高校教师教学实践性知识及其质变框架建构[J]．教育发展研究，2023，43(1)：27-33.

育的品质，教育部发布了许多相关的政策，实施了对高校的课程评价与学科评级制度，同时还通过各种项目推动"双一流""示范""教学成果奖""名师""精品"等相关工作的完成，这些措施都旨在增强外部的保护力度。

由于教师在教学过程中具有主导作用，因此教师就成为主导教学质量的一方。简而言之，即使学生的基本素质很高，若没有优质教育作为支持，其也无法达到高水平的学习效果。只有当学生自我管理能力非常强时，才能做到这一点。相反地，如果有了优秀教师做后盾，哪怕学习成绩较差的学生也能尽可能多地吸收知识并发挥他们的潜力至最大值。不论学生之间的差距如何，教师始终起着关键作用。教育过程被视为一种极繁复的活动，"教与学是最深层次的学习方式"。这意味着，学习不仅是世界上最困难的工作之一，而且它要求高校教师具备最高程度的才智和道德品质。无论是在课程准备、授课、试卷评分、课后辅导或测试评估等方面，教师的聪明才智和道德意识始终起着关键性的引导作用，对教育的成效产生重要影响。当教师这一基础支撑能充分履行职责并发挥其功能时，外部的保护措施其实并不显得至关重要。反之，若没有高品质的教育和学习，或仅存在劣质的教育和学习，即使外部保护措施再丰富多样、规则再严苛，结果仍有可能不及预期，效率不高甚至毫无成效。因为外部保护无法替代内部保护，也无法对教育质量产生关键影响。虽然外部保护具有间接性、条件性和辅助性等特性，但"管理创造质量"的原则不仅适用于商业环境，还适用于复杂难解的高等教育。

实际情况往往充满挑战，教育的实施无法始终保持完美状态，无论是教师还是学生都有其自身的局限，人群间的差距与个体之间的不同也十分常见，尤其是在高等教育的大众化及普及化的时期更为突出。由于内在保护措施难以实现，外部支持就显得至关重要，虽然它可能是间接或附带性质的，有时甚至会有反向影响，但在这个时刻高校没有其他选择，只有借助外界力量才能推进并提升教育质量。

三、"核心主体"：教师在教学中的主导性如何发挥的反思

高校中很大比例的教师"不愿意教书"是阻碍我国高等教育质量提升的关键因素，如果这个问题得不到解决，即使教师的个人研究能力和教学技能再出色，也无法提高教学质量。因此，不论外部的支持和规范有多么完善，如果没有办法消除教师们对教育的抵触情绪，那么所有的努力都是徒劳的。

"不愿意教书"被视为不负责任的行为并无不当，将其提升至职业伦理的角度也无可厚非。但更应引起高校思考的是：教育工作原本就是教师的责任所在，对于学生的关注更是其职业特性之一，现在这种职责与特质却受到了严重的挑战，甚至发生了转变，这究竟是由何引发的呢？这个问题涉及了多个方面的影响因素，包括个人及管理的制度问题，同时还包含了社会氛围等因素。其中最关键的问题在于目前高校中广泛存在的、对教师的工作表现具有强大指导性的"绩效评估"体系。

2010 年以来，我国高等教育机构实施绩效工资制度，旨在通过经济手段刺激教职员工的工作表现。该制度基于"经济人"假设，并以对教职员工的"绩效评估"为核心环节。但是，如何定义和衡量高校教师的"绩效"仍然是一个全球范围内的挑战，这是由教师工作的独特性质所导致的。在中国，绩效薪酬制度是由高级管理层决定并全面实施的，然而对于高校的绩效评估却是一个独立的行为，各所高校都是匆忙地制定了绩效评估标准系统并开始实施绩效考核。尽管每所学校的标准都不同，但是它们都有着共同的特点：一是过于重视研究和忽视教育；二是对量化结果过度关注，更注重那些能被衡量的、时间较短的研究成果。

对于教育者如何实施课程、其授课水平的高或低等因素，均未能在上述评定标准内得到反映。同时，一些高等院校因受到"顶级"发展、学校排行榜等外来压力的影响，制定了过度的研究成果评估系统，把"频繁被引用"、获奖情况与课题数量的比例提升至难以实现且让人惊讶的地步，大大超出了大部分教师能够达成的范围。正是由于这种严格的"业绩考核"机制，出于自身的利益考虑，教师们只得选择做某些事情而不去做其他事，那些他们很少参与的事务，基本上就是教学任务。

然而，教育中的"不为"并不代表着完全放弃授课，拒绝上课的情况只是少数情况，其主要表现是缺乏积极的态度，尽管人在课堂中，但是心思却并未真正放在课程内容上，没有付出足够的努力与时间去完成每一个教学阶段的工作，工作态度消极，有时甚至是应付了事，同时存在懈怠现象，即所谓的"懒散教师"。单一的业绩评估的关键在于，即使教师未能全身心地投入教学工作，其仍然可以获得相应的薪资待遇，反之，若教师未达到某些研究目标或者分数较低，则会立即导致薪酬收入锐减。

针对教育者"不愿意教书"及"无作为的教育行为"，以职业道德为基础进行批评和规范是有必要的。然而，仅依赖此种方法无法彻底解决问题。绩效薪酬体系基于"经济人"假设，若视教师为"经济人"，他们在绩效薪酬体制中根据自身利益作出理性决策就是自然而然的结果。"忽略了教师自身的利益困境去评价他们的职业道德"，可能导致高校教师难以信服，因为这种做法符合"经济人"的特点。因此，高校不能单纯地用简单的道德标准来评判教师的"不愿意教""不做实事"的行为，也不应对教师设定过于严苛的道德期望。此外，职业道德的影响主要存在于教师的心灵深处，除了明显的职业道德规定外，其他人很难对其真实情况作出准确评估。

"绩效评估"体系并非造成教师不愿意授课的唯一原因。随着高等教育的发展及接受度提高，一名教师需要应对的人数可能由过去的几人至几十人的规模迅速扩大到了几百人乃至上千人的情况；同时学生的多元性和差异性的增加无疑增加了教师的教育教学压力。此外，"管理层面的官僚主义现象"让教师们不得不投入大量时间与精力去填写各种文件以满足各类考核要求（如项目申请书、研究成果奖励，等等）——所有这一切都是跟"业绩表现"密切相关的指标内容，这也必然会导致他们在工作中分散注意力或者感到疲惫不堪而产生工作疲劳感甚至厌烦情绪。

四、"优化过程"：基于过程思维对教学管理的反思

从全面质量管理的理论视角来看，高校的教学管理工作需要基于更加全面、全过程、全方位地落实相应的管理与实践工作，但从具体的教学管理实践来看，如何基于过程思维开展工作，也是当前高校教学管理工作中需要重点反思的一个问题。

首先，在高校的教学管理工作中，资源配置不均衡是一个显著问题，包括师资力量、教学设施、教学经费等方面的分配不均。一些热门专业或重点学科往往能够获得更多的资源支持，而一些冷门专业或新兴学科则可能面临资源匮乏的困境。这种资源配置的不均衡不仅影响了某些学科教学质量的提升，也阻碍了全面、全过程管理工作的实施。其次，教学过程是高校教学管理工作的核心环节，但在实际操作中，往往存在对教学过程监控不足的问题，包括课堂教学质量、学生作业完成情况、考试考核情况等方面。由于缺乏有效的监控机制，一些教师可能在教学过程中出现敷衍塞责、随意调整教学内容等问题，严重影响教学质量和

学习效果。再次，学生是教学活动的主体，但在高校的教学管理工作中，往往存在学生对教学活动的积极性不高、参与度不高及对教学反馈不积极等问题。最后，高校的教学管理工作需要依托完善的管理制度来进行，包括教学管理制度、教学质量评估制度、教学激励机制等方面。因为管理体系的不健全，一些教学管理任务难以得到有力执行，也无法对教学品质实现全过程、全方位的监督和评估。

这些问题的成因在于：一是观念认识不到位。全面、全过程、全方位的管理需要高校教学管理部门和广大教师树立正确的教育观念和管理理念。然而，在实际操作中，一些管理部门和教师往往对全面、全过程、全方位管理的重要性认识不足，缺乏主动性和积极性。这种观念认识的不到位使得全面、全过程、全方位管理难以得到有效实施。二是组织架构不健全。高校的教学管理工作需要依托健全的组织架构来进行。但在实际操作中，一些高校的教学管理组织架构存在不健全的问题，包括管理部门职责不明确、管理流程不顺畅等。这种组织架构的不健全使得全面、全过程、全方位管理难以得到有效落实。三是资源配置机制不合理。资源配置机制的不合理是高校教学管理工作中难以落实全面、全过程、全方位管理的一个重要成因。目前，一些高校在资源配置方面存在过度集中或过度分散的问题，导致了资源配置的不均衡。同时，一些高校在资源配置过程中缺乏科学的评估和监督机制，使得资源配置难以达到预期效果。四是信息化水平不高。信息化是高校教学管理工作的重要手段之一，也是实现全面、全过程、全方位管理的必要条件。然而，在实际操作中，一些高校的信息化水平不高，制约了全面、全过程、全方位管理的实施。例如，一些高校的教学管理系统存在功能不全、数据不准确等问题，使得教学管理工作难以得到有效支持。

第八章　全面质量管理视角下的高校教学管理的对策探讨

全面质量管理已成为高校提升教学质量和效率的关键手段，其强调以学生为中心，通过全面的管理策略和持续优化的观念，保证教育活动的顺畅推进和教育目标的实现。然而，实施全面质量管理的高校在教学管理过程中仍面临诸多挑战，如管理策略的制定、执行过程中问题的解决、考核机制的完善，以及评价体系的科学性等。为深入探讨全面质量管理视角下的高校教学管理对策，本章将从计划、执行、考核和评价四个阶段展开论述。在计划阶段，高校将关注如何制订科学合理的教学管理计划，以确保教学目标的实现；在执行阶段，将探讨如何有效执行教学计划，提升教学质量；考核阶段则侧重于建立客观、公正的考核机制，激励教师与学生的积极性；评价阶段则致力于构建全面、科学的教学评价体系，为教学质量的持续提升提供有力支撑。

第一节　高校教学管理的计划阶段

教学管理作为确保教学质量和效率的核心环节，其计划阶段尤为关键，教学管理的计划阶段能够为整个教学过程指明方向。计划阶段主要包括目标设定、需求分析以及计划制订三个核心环节。目标设定是教学管理计划阶段的起点，其要求教育者和管理者明确教学活动的预期成果，为整个教学过程树立清晰的标杆。需求分析则是对教学环境、学生需求及教学资源进行深入剖析，要求教育者和管理者站在学生角度，思考其真正需要什么样的教育内容与教学方式。计划制订则是将目标设定与需求分析的结果转化为具体的行动方案，涵盖了教学方法的选择、课程安排、教学资源配置等多个方面。毫无疑问，通过目标设定、需求分析和计划制订这三个环节，高校能够运用创新的思维方式和手段来保证教学计划的科学性和实效性，为整个教学过程打下坚实的基础。

一、目标设定：明确高校教学管理整体方向

(一)明确教学管理的长期目标和短期目标

教学管理是高等教育任务的关键环节，其目标设定直接影响到学校的教学水平、教育资源的分配，以及人才培养效果。因此，明确教学管理的长期目标和短期目标至关重要。首先，高校要明确教学管理的长期目标。长期目标通常与学校的发展战略相契合，旨在推动学校整体教学水平和教育质量的持续提高。长期目标主要涵盖以下几个方面：建立健全的教育行政系统以保证教育活动的标准化与规则化的实施；通过升级教职员工的专业技能及授课方式来打造一支优秀的教授团队；对课程内容、设施设备等方面作出调整以便有效发挥其价值；致力于培养学生的创造力及实际操作技巧，从而推动其全方位成长；进一步扩大学校的影响范围和社会地位，以此增加学校的综合实力，并在全国范围内获得更好的名次和赞赏，等等。为实现这些长期目标，高校需要制定一系列短期目标作为支撑。短期目标通常是具体的、可衡量的，可以在较短时间内实现，并为长期目标的实现奠定坚实的基础。比如，短期计划包括：建立与执行教学管理的规定及标准，以保证教育工作的正常运作；组织教师开展教育训练和教导互动，以此来增强他们的教育技能和教授方式；改良或升级教育设备，提高其品质；推动与企业协作的项目，以便培育学生的实操能力与创造力；定时开展教育教学效果评价和反馈工作，以便快速识别出所存在的问题并加以改善。在制定短期目标时，高校需要充分考虑学校的实际情况和教学资源，确保目标的可行性。同时，高校还需对目标进行细化和量化，制定具体的实施方案和时间表，以便更好地加以监控和评估。

(二)确保目标与学校整体发展战略一致

在高校教学管理的目标设定中，确保目标与学校整体发展战略的一致性至关重要。这不仅有助于提升教学管理的针对性和实效性，还能够确保学校整体发展的协调性和可持续性。首先，高校要深入理解学校整体发展战略的内涵和要求。学校的发展战略通常包括学校的定位、发展目标、核心竞争力等方面。教学管理目标的设定应当紧密围绕这些核心要素，确保教学管理工作能够服务于学校整体

发展战略。如果学校的发展战略强调培养学生的创新精神和实践能力，那么教学管理目标就应关注提升实践教学比例、优化课程结构、加强师资队伍建设等方面。其次，高校要建立教学管理与学校整体发展战略的对接机制。这包括定期召开教学管理与学校发展战略对接会议，对学校发展战略进行解读，确保教学管理目标与学校整体发展战略同步。同时，教学管理部门还应与其他职能部门保持密切沟通与协作，共同推动学校整体发展战略的实现。再次，高校要建立教学管理目标的动态调整机制。由于学校整体发展战略可能随着外部环境和内部条件的变化而变化，因此教学管理目标也应当及时跟进和调整。这需要高校建立一种灵活、高效的目标调整机制，以便在发现目标与学校整体发展战略存在偏差时，能够及时进行调整和优化。同时，高校还需要对目标调整的过程进行监控和评估，从而确保目标调整的科学性和合理性。最后，高校要加强对教学管理目标的宣传和推广工作。只有让广大师生认同教学管理目标，才能够形成共同的努力方向和行动目标。高校可以通过校内媒体、教学会议、师生座谈会等方式，对教学管理目标进行广泛宣传和推广，同时鼓励师生积极参与教学管理活动，共同推动教学管理目标的实现。

(三) 强化高校教学中以学生为中心的目标理念

强化以学生为中心的目标理念意味着高校的教学计划和活动都应围绕学生的需求、兴趣和发展加以设计，确保其能够从中获得最大的学习效益。首先，高校需要深入了解学生需求。学生是教学活动的主体，其需求、兴趣和发展方向是教学管理工作的重要参考，通过定期的学生调查、座谈会等方式，收集学生对于教学内容、教学方法、学习资源等方面的反馈，从而及时调整和优化教学计划。同时，高校还要关注学生的个性化需求，为不同学生提供多样化的学习路径和发展机会。其次，高校要构建以学生为中心的教学模式。传统的教学模式往往以教师为中心，注重知识的传授。新的教学模式下，高校需要在授课的过程中充分利用学生的主导者角色。为此，有必要深入研究并实施基于学生导向的方法，如反向课程设计或课题驱动型教学法等，以此来激起他们的学习热情和动力，提升他们在自我探究上的独立程度及处理问题的能力。再次，高等院校需进一步调整教务设施分配策略，以便为学生创造更为优越的学习环境。教学资源是教学活动的重要保障，包括教室、实验室、图书资料、教学设备等。最后，高校还要加强对学生学习成果的评估和反馈。评估是教学管理的核心步骤，其能够及时发现学生在学习过程中遇到的问题，从而为教育改进提供参考。高校要建立科学、全面的评估体系，对学生的学习成果进行定期评估，并将评估结果及时反馈给师生，以便其及时调整教学策略和学习方法。所以，高校需要强化教师以学生为中心的教学理念，并在实际教学中积极贯彻这一理念。

二、需求分析：基于需求分析实现资源配置

(一)加强高校教学实践的需求调研工作

在高校的教学管理工作中，为确保资源配置的合理性和有效性，高校首先需要加强教学实践的需求调研工作，这不仅是优化资源分配的基础，也是提高教育质量和满足学生成长需求的核心。首先，需求调研工作应覆盖教学实践的各个环节。从课程设置、教学内容选择、教学方法应用，到实践教学活动安排、教学设施使用等方面，都需要进行深入细致的需求调研。调研人员通过与学生、教师及教学管理人员的深入交流，了解不同主体在教学实践中的真实需求和期望，从而为资源配置提供准确依据。其次，需求调研工作应注重时效性和动态性。教学实践的需求是随着时代变化、学科发展和学生特点而不断变化的。因此，高校需要定期开展需求调研工作，及时捕捉教学实践中的新需求和新趋势，确保资源配置紧跟教学实践的发展步伐。再次，需求调研工作应强调科学性和系统性。高校需要设计科学、合理的调研问卷和访谈提纲，确保调研结果的客观性和准确性。同时，还需要运用统计分析等方法，对调研数据进行处理和分析，提炼出教学实践中的关键需求和问题，为资源合理配置提供有力的数据支持。最后，需求调研工作应积极促进调研结果的转化和应用。调研结果不仅是资源配置的依据，也是教学改进和优化的重要参考。高校需要将调研结果及时反馈给相关部门和教师，引导他们根据调研结果调整和改进教学实践工作。同时还需要建立调研结果的应用机制，确保调研结果能够在资源配置和教学改进中发挥实效。

(二)关注学科领域趋势并实现资源配置

随着科技的迅速发展和社会的不断进步，学科领域的趋势和变化对于高校教学管理工作来说具有至关重要的意义。为实现资源配置的优化和满足学科领域的

发展需求，高校必须密切关注学科发展趋势，并根据这些趋势进行相应的资源配置。首先，高校要深入了解学科领域的发展趋势和前沿动态。高校的教学管理人员通过与学科领域的专家、学者的交流，参加学术会议和研讨会，以及阅读相关的学术论文和报告，可以获取学科领域最新的信息和动态。这些信息将为高校提供宝贵参考，帮助高校了解学科领域的发展方向和趋势。其次，高校要根据学科领域的发展趋势来优化资源配置。学科领域的发展往往伴随新的教学方法、技术和工具的出现。因此，高校需要及时更新和升级教学设施和设备，以适应学科领域的发展需求。同时，高校还需要加大对学科领域研究的投入力度，鼓励和支持教师进行科学研究和创新活动，推动学科领域的进步和发展。再次，高校还要关注学科领域的交叉融合趋势。随着各个学科间的交叉融合日益普遍，高校需要突破传统学科边界，达成不同学科间资源的共享与协作。通过推动学科的交叉融合，高校可以培养出更多具有跨学科背景和创新能力的优秀人才，为社会发展作出更大贡献。最后，高校还要建立灵活的资源配置机制，以适应学科领域的快速变化。高校需要建立一种灵活、快速的资源配置机制，以便在发现学科领域出现新的趋势和需求时，能够及时进行调整和优化。同时，高校还需要加强对资源配置的监控和评估，确保资源配置的合理性和有效性。

（三）综合考虑社会需求及就业市场变化

高校在配置教学资源时，不能仅仅局限于学术和教育层面的考量，更应当着眼于社会和就业市场的实际需求。随着经济的快速发展和技术的持续进步，社会和就业市场对人才所提出的需求也在不断发生变化，这直接影响着高校的教学方向调整和资源配置。首先，高校应当定期收集和分析社会和就业市场的数据，了解当前和未来的需求趋势，包括但不限于行业发展趋势、热门职位、技能需求等方面的信息。高校可以通过与雇主、行业组织和招聘平台的合作，以获取更精确和实时的市场数据。其次，根据收集到的市场信息，高校应当调整和优化教学资源配置。例如，如果市场对某个专业的需求增加，高校可以考虑增加该专业的招生人数，对相关师资和设施加大投入力度。同样，高等教育机构也可以整合、改革或缩减市场需求量小的专业，以防止资源的浪费。再次，高校还应当加强实践教学，加强校企合作，提高学生的实践能力和就业竞争力。通过与用人单位合作开展实习实训、项目合作等方式，学生可以更好地了解市场需求和就业环境，不断提升自己的专业技能和实践经验。同时，这种合作模式也可以为高校带来更多的社会资源和资金支持，不断提升教学质量。最后，高校应当建立一种灵活的教学资源配置机制，以适应社会和就业市场的快速变化，具体包括专业设置、课程安排、教师配备及教学设施等方面的调整。通过建立快速响应机制和市场反馈机制，高校可以更好地把握市场变化趋势，及时调整教学策略和资源配置手段，从而确保高校的教学与市场和社会的需求保持高度一致。

三、计划制订：制订周密且详细的目标计划

(一)考虑教学资源的有效利用和教学的灵活性

在制订高校教学管理的目标计划时，高校必须充分考虑教学资源的有效利用和教学的灵活性，以确保计划既具有可行性又能适应多变的教学需求。首先，对于教学资源的有效利用，高校需要全面评估现有教学资源的状况和配置情况，包括教室、实验室、图书馆、教学设备等。通过了解资源的使用情况和需求，制订更加合理的资源分配计划，确保资源能够充分发挥作用，从而满足教学需要。例如，对于使用率较低的教室或设备，高校可以调整使用计划，使其得到更充分的利用；对于紧缺资源，高校可以通过优化资源配置、提高使用效率等方式来加以应对。其次，教学的灵活性也是制订目标计划时需要考虑的重要因素。教育观念的更迭和教学方式的创新，使得传统的教学模式已无法满足现代教育的发展需求。因此，高校需要制订更加灵活的教学目标计划，以适应多样化的教学需求，包括调整课程安排、引入新的教学方法和手段、开展实践教学和校企合作等。通过增加教学的灵活性和多样性，高校可以激发学生的学习兴趣和积极性，提高教学效果。最后，为实现对教学资源的有效利用，以及提升教学灵活性，高校还需建立一种动态调整机制，定期评估教学计划的执行情况，及时发现问题并进行调整。同时，高校还需关注教学需求变化和市场发展趋势，不断调整和优化教学计划，确保其与时代发展和学生需求同步。

(二)确立目标责任管理方式及实施标准

在制定高校教学管理的目标时，确立明确的目标责任管理方式及实施标准不仅有助于教学计划的顺利实施，还能够提高教学管理效率和教学质量。首先，明

确目标责任管理方式是确保教学计划得以有效执行的关键。高校需要将教学目标分解为具体的任务，明确每个教学单位、教学团队和个人的职责范围和工作要求，确保各教学单位之间的协同合作，避免工作重复和冲突，顺利完成教学目标。其次，制定实施标准是确保教学计划得以规范执行的重要措施。实施标准应包括教学内容、教学方法、教学资源利用、教学评价等方面的具体要求。通过制定明确的实施标准，高校可以确保教学过程中的每一个环节都能够按照统一标准进行，提高教学的规范性和一致性。同时，实施标准还可以作为教学评估和监控的依据，帮助高校及时发现和解决教学中存在的问题。最后，为确保目标责任管理及实施标准的有效实施，高校还需要加强教学管理的监督和评估工作，包括对教学计划的执行情况进行定期检查和评估，对教学中出现的问题及时进行反馈和整改，以及对教学管理人员进行培训和指导等。通过加强监督和评估，高校可以确保目标责任管理及实施标准得到全面贯彻，从而推动教学管理工作的不断改进。

(三) 制订周密详细的教学计划与课程安排

为确保高校教学活动的有序进行和教学目标的顺利实现，制订周密详细的教学计划与课程安排至关重要。这一工作不仅涉及教学内容的规划和时间的安排，还需考虑教学资源、教学方法、学生需求及评估方式等多方面。首先，教学计划应明确各阶段的教学目标和重点。通过细化教学目标，确保教学活动始终围绕核心任务展开，避免主题偏离。同时，还应根据学科特点和学生实际情况，合理安排教学进度，确保教学内容的连贯性和循序渐进。其次，课程安排应充分考虑不同课程之间的衔接和配合。在安排课程时，需要关注课程之间的内在联系和先后顺序，避免出现知识断层或重复学习的情况。此外，高校还需要合理调整理论与实践课程的比例，以便为学生提供足够的实践机会。再次，在制订教学计划和安排课程时，还应注重教学方法的多样性和创新性。采用多元化的教学方式，如案例研究、小组讨论、项目实践等，唤起学生学习的兴趣和主动性，提升教学成效。同时，要重视学生的学习需求和学习特点，保证因材施教，确保教学活动能够满足不同学生的个性需求。最后，教学计划的制订和课程安排还需考虑教学资源的配置和利用。在制订计划时，需要充分了解现有教学资源的情况，包括教室、实验室、教学设备等，确保资源的合理利用。此外，高校还需要注意教学资源的更新和保养，确保教学活动的顺利进行。

第二节　高校教学管理的执行阶段

在高校教学管理的执行阶段，确保教学资源的优化配置、教学质量的持续提升及为学生提供全方位的支持服务至关重要。为实现以上目标，高校需从多个维度入手：首先，通过整合学科专业、加强校企合作，以及确保教学资源的有效利用和维护，为教学管理工作奠定坚实的基础；其次，建立教学质量监控机制、建设专业的质量监控团队及鼓励教师创新教学方法，全面提升理论教学与实践教学的双重效果；最后，提供学术咨询、心理辅导等多元化的学生支持服务，建立有效的学生反馈机制，并强化对信息技术的运用，满足学生需求，激励学生个体成长，并推动线上线下教学的协同管理。这一系列措施共同构成了高校教学管理执行阶段的核心内容，旨在推动高校教学管理工作的不断改进，为培养高素质人才提供有力保障。

一、教学资源管理：为教学管理工作提供基础设施

(一)整合学科专业，实现资源重组

随着高等教育的快速发展，教学资源管理已成为高校管理工作中的核心任务之一。为了确保教学管理工作的高效开展，为师生提供优质的教学环境和资源，高校需要采取一系列相关策略来强化教学资源管理。其中，整合学科专业、实现资源重组至关重要。首先，整合学科专业有助于优化资源配置。在传统的教学模式中，学科专业往往各自为政，导致了教学资源的分散和重复建设，这不仅浪费了宝贵资源，还限制了学科之间的交流和合作。整合学科专业有助于将零散的教育资源汇集起来，产生规模效应，提升资源使用效率。其次，优化资源配置还能推动各个学科之间的交叉融合，创造新的学科发展点，为高等教育机构的进步注入新活力。最后，在现代教育中，跨学科的学习和研究已成为一种重要趋势。通过融合各个学科专业，高校能够消除学科间的隔阂，激励学生开展跨领域的学习研究，以此提升其全面素养和创新才能。

为实现学科专业整合和资源重组，高校需要采取一系列措施。首先，对现有的学科专业进行深入分析和评估，确定哪些学科专业具有发展潜力和市场需求，

哪些学科专业需要优化调整或合并。其次，高校需要强化学科间的协作，激励教师进行跨领域的教育和研究，创造出一个学科交融的优秀环境。最后，高校还需建立科学的教学资源管理制度，确保教学资源的合理配置和有效利用。

(二)加强校企合作，实现资源共享

当今社会，高等教育与企业界的紧密合作已成为推动教育发展和提升人才培养质量的重要途径。提升学校与企业的合作关系不仅能帮助高校获取更多的实践资源，同时可以为学生提供更多的实习机会和就业路径。因此，加强校企合作、实现资源共享成为高校教学资源管理对策中的重要一环。一方面，为实现校企合作的资源共享，高校需要积极主动地与企业建立联系，深入了解企业的实际需求和可用资源，寻找双方合作的最佳契合点。如定期举办校企座谈会。在座谈会上，高校的教师和企业的代表可以面对面地交流，分享彼此在教学、科研和产业发展方面的最新成果。通过这样的交流，高校可以准确把握企业对人才的需求和期望，而企业也可以了解高校的教学资源和科研实力，为后续的深度合作奠定坚实的基础。另一方面，建立长期稳定的合作是实现校企资源共享的关键。签署协议后，高校和企业能够清晰地界定各自在合作过程中的权益和责任，规范合作流程，保证合作项目的顺利进行。合作协议可以包括共同开展实践教学项目、共建实验室或研究中心、互派人员交流学习等多种形式，以实现资源共享和优势互补。如高校可以邀请企业参与课程设计，将企业的实际案例和问题引入课堂，使教学内容更加贴近实际需求。同时，企业也可以为高校提供实践基地和实习机会，让学生在实践中学习和成长。这样的合作模式不仅有助于培养学生的实践能力和创新精神，还能为企业提供技术支持和人才支持，实现双方的互利共赢。除实践教学项目，高校还可以邀请企业的专家和工程师来校开展讲座和培训。这些专家和工程师拥有丰富的实践经验和专业知识，他们的分享和指导可以为学生提供更多的学习资源和职业指导。同时，通过与企业的专家交流，高校教师也可以了解到最新的行业动态和技术发展趋势，为教学和科研提供新思路。

(三)确保教学资源的有效利用和维护

教学资源作为高校教育活动的基石，对教学资源的有效利用和维护对于提升教学质量、保障教学秩序具有至关重要的作用。因此，高校必须采取切实有效的

措施,确保对教学资源的充分利用和合理维护。首先,高校应建立科学的教学资源管理制度,包括制定教学资源使用规定、明确各类教学资源的配置标准、建立教学资源使用登记和统计制度等。通过制度化管理,规范教学资源的使用,避免教学资源的浪费和滥用。同时,高校还应加强对教学资源使用情况的监督和检查,确保各项制度能够得到有效执行。其次,高校应加强对教学资源的维护和管理。教学资源在使用过程中难免会出现损耗和损坏,因此高校需建立完善的维护机制,对教学资源进行定期检查、维修和更新,这样不仅可以延长教学资源的使用寿命,还可以确保教学资源的性能和质量能够满足教学需求。同时,高校还应加强对教学资源的安全管理,防止教学资源被盗、丢失或损坏等情况的发生。再次,高校还应积极推广教学资源的共享和协作使用。通过搭建教学资源共享平台、建立教学资源协作使用机制等方式,促进不同学科、不同专业之间的教学资源共享和协作使用,这不仅可以提高教学资源的利用效率,还可以促进学科之间的交流和合作,推动高校的整体发展。最后,高校还应加强对教学资源管理人员的培训和管理。教学资源管理人员是确保教学资源有效利用和维护的关键力量,其需要具备专业的知识和技能,熟练应对各种教学资源管理问题。所以,高校应当加强对教育资源管理人员的培训和监督,提升其专业素质,增强其管理技能,从而保证教育资源管理任务的顺畅执行。

二、教学质量监控:重视理论与实践双重教学效果

(一)建立教学质量监控机制,定期检查教学质量

教学质量作为高校教育工作的生命线,直接关系人才培养质量和社会声誉。因此,高校必须高度重视教学质量监控工作,确保理论与实践双重效果都能得到有效监管。在这个过程中,建立教学质量监控机制,并定期检查教学质量尤为重要。首先,建立教学质量监控机制是保障教学质量的基础。这一机制应包括教学质量评估标准、评估方法、评估周期及评估结果的反馈与应用等方面。评估标准应综合考虑教学目标、教学内容、教学方法、教学效果等多方面,确保评估的全面性和客观性。评估方法可采用学生评价、同行评价、专家评价等多种方式,以获取全面、准确的评估信息。评估周期应根据实际情况灵活调整,既要确保评估的及时性,又要避免出现干扰正常教学秩序的情况。评估结果的反馈与应用是评

估机制的关键环节，应将评估结果及时反馈给教师和教学管理部门，指导其进行教学改进，并将评估结果作为教学奖励和惩罚的依据，激励教师提高教学质量。其次，定期检查教学质量是确保教学质量监控机制有效运行的重要手段。定期检查可以选择在学期、学年或教学周期等时间节点进行，以确保教学质量监控的连续性和稳定性。在定期检查过程中，教学质量监控工作人员应重点关注教学内容的实际应用、教学方法的创新与改进、教学效果的达成情况，以及学生的学习反馈等。通过深度参与课堂教学、与学生和教师的对话及查阅教育相关资料等途径，全方位地掌握教学状况，识别教学过程中的问题，并适时给出改善建议。最后，为更好地实施教学质量监控，高校还应建立教学质量信息化平台，实时采集、分析和反馈教学信息。通过该平台，可以更加便捷地进行教学质量监控和评估，提高教学质量监控效率。同时，该平台还可以为教师提供教学资源共享、教学经验交流等功能，促进教师之间的合作与交流，共同提高教学质量。

(二)建设质量监控团队，强化实践教学环节监控

实践教学作为高等教育体系的关键环节，对于学生的创新思维和实践技能的培养起着决定性作用。为确保实践教学的质量，高校必须打造一支专业的质量监控团队。首先，建设质量监控团队是确保实践教学质量的前提。质量监控团队应由具有丰富教学经验和专业背景的教师、教学管理人员与行业专家组成，其应具备监控和评估实践教学环节的能力，能够发现实践教学中出现的问题并加以解决。为提升团队的专业素养和监控能力，高校可以定期组织培训和交流活动，分享实践教学监控的经验和方法，不断提高团队成员的业务水平。其次，强化实践教学环节监控是确保实践教学质量的关键。教学过程中的实践涵盖了诸如实验、训练、课程规划和社会实践等多个环节，每个环节都有其独特性。因此，质量监控团队应针对不同类型的实践教学环节，制定具体的监控标准和方法，确保每个环节都得到有效的监控和评估。再次，团队还应加强对实践教学资源的监控，确保资源的合理配置和有效利用。在实践教学环节监控过程中，质量监控团队可以采用多种方式进行数据收集和分析。例如，可以通过学生问卷调查、教师评价、实地考察等方式获取实践教学的反馈信息，并对这些信息进行分析和整理，最终形成监控报告。这些报告可以客观反映实践教学的质量和效果，为教学改进提供有力依据。最后，为了更好地实施实践教学环节监控，高校还应建立完善的实践

教学管理制度，具体包括实践教学的组织与管理、实践教学的评价与反馈、实践教学的改进与优化等多个方面。通过制度化管理，可以规范实践教学行为，并能够提高实践教学的规范性和有效性。

(三) 鼓励教师创新教学方法，提升理论教学效果

在高等教育体系里，理论课程的质量直接影响学生领悟和掌握专业知识的水平。为了提升理论教学效果，高校应鼓励教师创新教学方法，引入现代教学技术和手段，激发学生的学习兴趣和积极性。首先，高校应当为教师提供充分的支持，以激发他们的创新热情，包括提供先进的教学设备和软件，为教师提供创新教学的条件。同时，高校还可以设立教学创新基金，资助教师进行教学方法改革和开展教学研究，助力教学创新活动的开展。其次，高校应当营造一种鼓励教师创新教学方法的文化氛围。通过举办教学创新大赛、教学经验交流会等活动，为教师提供展示和交流创新教学方法的平台，这不仅可以激发教师的创新热情，还可以促进教师的合作与交流，共同提升理论教学效果。再次，高校还可以邀请教学专家和教育技术专家对教师进行培训和指导，帮助其掌握现代教学技术和手段，提升教学能力和创新水平，培训内容包括线上教学平台的使用、多媒体教学课件的制作、互动式教学策略的应用等，使教师能够更好地适应现代教学需求。最后，高校应建立灵活多样的教学评价体系，将教师的创新成果纳入评价体系，并给予其相应的奖励和激励，从而激发教师创新教学方法的积极性，促使他们不断探索、实践新的教学方法和策略。

三、学生支持服务：关注学生健康并激励个体成长

(一) 提供学术咨询、心理辅导等支持服务

学生支持服务是确保学生健康成长、充分发挥潜能的重要环节。高校提供的学术咨询和心理辅导等服务，旨在协助学生积极应对学术上的困扰和心理压力，激发其学习兴趣和创新能力，以推动个体的全面成长。首先，学术咨询是学生在学术道路上不可或缺的重要支持。高校应设立专门的学术咨询机构或团队，为学生提供个性化的学术指导，这些咨询服务涵盖课程选择、学习方法、论文写作、职业规划等多个方面，可以帮助学生更好地规划学术生涯，提高学习效果。同

时，学术咨询还应关注学生的学习进展和学术成果，及时给予反馈和建议，促使学生的学术能力不断提升。其次，心理辅导在学生的成长过程中发挥着重要作用。高校应构建全面且有效的心理咨询系统，向学生们提供全方位的精神援助。这种支援可以通过多种方式实现，如个体咨询、团队指导、心理测试等，目的是协助他们处理感情难题、缓解内心焦虑、提升心理能力。最后，高校也需密切关注学生的心理状态，迅速识别并解决问题，防止学生出现心理疾病。

为了更高效地提供学术建议及心理辅助等服务，高校可实施如下策略：首先，强化教职员工力量，引入具备深厚实践经历与专业素养的教育者和专家，以此来提升服务品质和效果；其次，优化服务程序，创建合理的运作模式，保证服务的即时性和实用性；再次，加大宣扬力度，增强学生对于这些服务的理解，提高利用频率；最后，建设回馈渠道，定期收集学生的想法，持续优化服务内容。此外，高校还可将学术咨询和心理辅导等支持服务与课程教学结合，营造协同育人的良好氛围。例如，教师可以在课程中融入学术咨询元素，引导学生及时发现问题、解决问题；心理辅导教师也可以与班主任、辅导员等加强合作，关注学生的心理健康状况，为其提供及时的干预和支持。

(二) 建立学生反馈机制，及时了解学生意见

在高等教育中，学生作为教育服务的直接接受者，其声音和意见至关重要。为更好地满足学生需求，提升教育服务质量，高校必须建立有效的学生反馈机制，确保能够及时、准确地了解学生意见。一方面，建立学生反馈机制是尊重学生主体地位的体现。学生作为教育主体，他们的反馈是教育质量提升的关键。通过建立反馈渠道、鼓励学生积极参与反馈，可以增强学生的归属感，促使他们更加主动地参与教育过程。另一方面，学生的反馈有助于高校及时发现和解决问题。学生的反馈是教育质量好坏的直接呈现，通过收集和解读学生的反馈意见，高校能够及时察觉教育教学中的问题和短板，从而有针对性地加以改良和提升。这不仅可以提升教育效果和教育质量，还可以增强学生对教育服务的满意度和信任度。

为建立有效的学生反馈机制，高校可以采取以下措施：一是建立多样化的反馈渠道。高校可以通过采用在线调查、召开座谈会、设置意见箱等多种形式，为学生提供多种反馈途径，确保学生能够方便、快捷地表达自己的意见和建议。二

是定期收集和分析反馈意见。高校应定期对学生反馈意见进行收集、整理和分析，最终形成详细的反馈报告，客观反映学生对教育服务的评价和需求，为高校改进教育服务提供依据。三是及时回应和处理学生意见。高校应积极地回应和处理学生的反馈意见。对于合理化的建议和意见，高校应及时采纳并实施改进措施；对于存在的问题和不足，高校应主动承担责任，制定整改措施。四是加强与学生的沟通互动。除了要收集和分析学生的反馈意见，高校还需积极与学生进行交流互动，主动了解学生的需求和期待。通过建立良好的师生关系，提升学生对教育服务的认同感和满足感，从而提高教育教学的整体成效。

(三)强化信息手段运用，实现线上线下教学协同管理

随着信息技术的快速发展，高等教育正面临从传统课堂教学向线上线下相结合的教学模式转变。为提升教学质量，高等教育机构必须强化信息手段运用，实现线上线下教学的协同管理。一是加强线上教学平台的建设和管理。高校应投入更多的资源和精力，建设功能完善、操作便捷的线上教学平台，为学生提供丰富的学习资源和交互工具。同时，高校还应加强对线上教学平台的管理和维护，确保平台的稳定性和安全性。二是推动在线教学和课堂教学的深度结合。高等教育机构应激励教师积极寻找将两者融合的教学方式，使得在线教学与课堂教学能够相互补充，从而发挥二者优势。学生可以利用线上教学平台进行预习、复习和拓展学习，教师在课堂上则重点进行问题解答和指导实践操作。三是建立完善的线上线下教学协同管理机制。高校应制定科学的教学管理制度和规范，明确线上线下教学的任务和要求，确保两者的协同和配合。同时，高校还应建立线上线下教学的评价体系和反馈机制，及时收集和分析学生的学习情况和反馈意见，为教学改进和优化提供依据。强化信息手段运用、实现线上线下教学协同管理是高校提升教学服务水平的重要举措。通过强化信息手段的运用、推动线上线下教育的深度融合及构建健全的协同管理体系等方法的执行，高校能更有效地满足学生的学习需求，提高教学质量，为学生的全面发展和成长提供优质服务。

第三节　高校教学管理的考核阶段

对高校教学管理进行考核是确保教学质量、促进教师成长和提升学校整体教

育水平的重要环节。随着高等教育的发展和教育改革的不断深化，传统的考核模式已经难以适应新时代的需求，亟需更新与发展。因此，探索高校教学管理考核的发展，对于提升教学管理效率、激发教师教学热情和提升高等教育质量具有重要意义。

一、教师考核：鼓励教师参与教学管理考核

(一)确保考核目标与全面质量管理理念相融合

为确保教学质量的持续提升，高校教学管理工作必须在每一个教学环节和每一位教师身上得到全面落实。将教师的考核评价与全面质量管理目标相结合，确保教师的教学活动与学校的整体教学质量提升相一致，强调教师在实现教学目标、提升学生学习成果、改进教学方法等方面的责任和作用。然而，确保考核目标与全面质量管理理念相融合，却是一项系统而复杂的工作，需要从理念引领、制度设计、实践操作等多个层面进行细致规划与深入实施。一是树立全面质量管理理念，引领考核方向。全面质量管理强调全员参与、全过程控制、全方位改进，这一理念应成为教师考核工作的指导思想。高校应通过培训、研讨等方式，使全体教师深入理解全面质量管理的内涵和要求，明确其自身在提升教学质量中的责任和作用。二是要将全面质量管理理念贯穿于考核目标的制定过程中，确保考核目标与学校整体教学质量提升目标相一致。三是强化考核结果应用，激发教师积极性。高校应将评估结果视为教师晋级、奖励和涨薪等方面的主要参考，充分体现出优秀表现对应优厚报酬的理念。四是根据考核结果对教师进行有针对性的培训和指导，帮助其提升教学水平和能力。此外，还可以通过表彰优秀、树立典型等方式，营造积极向上的教学氛围，将高校教师的考核目标与全面质量管理理念融合，推动高校教师考核工作的不断优化。

(二)制定基于全面质量管理的考核指标体系

为确保教师考核工作能够全面、客观地反映教师的教学质量和工作表现，高校需制定一套基于全面质量管理的考核指标体系。这一指标体系不仅要关注教学质量和教学效果，还要关注学生满意度和教师自身的专业成长。一方面，高校要制定科学合理的考核指标体系。这套指标应涵盖教学质量、教学方法、教学态

度、教学创新等多个维度，既要关注教师的教学成果，也要关注教师在教学过程中的表现。同时，指标的制定要具有可操作性和可量化性，便于实际操作和客观评价。另一方面，高校要完善考核过程管理，确保公平公正。完善考核过程管理，包括制定明确的评估准则、明确标准化的评估过程及强化评估监管等。同时，注重对教师教学过程的全面了解和客观评价，避免考核的片面性和主观性。此外，要建立有效的考核反馈机制，及时向教师反馈考核结果，帮助其了解自身优势和不足，明确改进方向。

(三) 引入全面质量管理工具和方法

引入全面质量管理工具和方法，如六西格玛管理、流程优化等，对于教师考核评价具有促进作用。这些工具和方法可以帮助教师识别教学问题，提出改进措施，提高教学质量，实现教育目标。在教师考核评价中，可以运用六西格玛管理法对教师的教学过程进行全面分析。六西格玛管理法的核心是重视数据采集与解析，借助严密的数据驱动力来协助教育工作者发现课堂上的难题，如应对课程内容、授课方式、教导心态等方面的挑战。此外，该管理法也强烈倡导对问题的深度剖析，以期助推教育工作者找出问题源头，并提出相应的优化策略。流程优化也是全面质量管理中的重要工具。通过优化教学流程，可以提高教学效率，减少教学浪费。优化教学流程涵盖了对教师备课、授课及课后反馈等多个环节的改进。通过对这些环节的深入研究，能够助力教师更有效率地完成教学任务，从而提升教学水平。可以说，全面质量管理工具与方法能够在一定程度上更好地实现对教师的考核与激励。

(四) 鼓励教师参与考核评价与质量改进

鼓励教师参与考核评价与质量改进是教育质量管理中的重要环节，该环节不仅能够激发教师的专业成长动力，还能够促进教育教学质量的持续提升。首先，为鼓励教师参与考核评价，高校需要构建一套公平、公正、公开的评价体系。这套体系不仅要注重教学的量化指标，如课时量、学生满意度等，还要关注教学的质性指标，如教学方法的创新性、教学内容的实用性等。评价过程应保证公开、透明，确保每位教师都清楚评价标准和评价流程，从而能够有针对性地改进教学方式。其次，高校应为教师提供培训机会，帮助其积极提升自身的教学能力。这些培训包括教学方法的改进、课堂管理的技巧、对学生评价的解读等方面。通过培训，教师可以掌握更多的教学技能，提高教学效果，从而积极参与考核评价。最后，高校还应为教师提供及时的反馈指导。反馈指导可以帮助教师更好地理解和应用评价结果，提升自身的教学评价能力。除参与考核评价外，高校还应鼓励教师积极参与质量改进。质量改进是一个持续的过程，需要教师的积极参与和合作。教师可以通过参加教学质量改进小组、分享自己的教学经验、参与课程设计等方式，为教学质量的提升贡献力量。

(五)探索目标管理和分类管理相融合的评价方法

探索目标管理与分类管理相结合的评价机制，对于教师考核评价工作的优化具有重要的实践意义。这种评价机制旨在根据教师的岗位职责、工作重心及学科特性，制定更为科学与合理的考核标准，以推动教师队伍的专业化发展和教学质量的持续提升。一方面，实施目标管理，学校或教育机构需要根据教师的岗位性质和工作重心，制定详细的岗位职责说明书。通过明确目标，可以使教师更加清晰地了解自己的工作职责，从而更好地规划自己的工作和职业发展。为了实现对教师团队的科学分类管理和评估，高校需要根据教师的专业背景、教育经历及学科优势等将其划分成不同的种类或级别。针对不同类别的教师，制定不同的考核标准，以体现公平性和合理性。这种分类管理的方式有助于识别不同教师的优势和不足之处，为其职业发展提供有针对性的指导和支持。另一方面，实施分类管理，需要考虑到不同学科的特性和差异。不同学科在教学内容、教学方法和研究成果产出等方面都存在较大差异。所以，在设定教师的评估标准时，应全面考虑这些因素，为各个学科的教师制订适合其学科特性的评价标准，确保评价结果的客观性和准确性，避免因采取一刀切的评价方式而所带来的不公平和不合理。

(六)寻找将量化评估与质性评估相结合的评价策略

教师的考核评价一直是教育领域中一个复杂而关键的问题。高校需要寻找一种融合了量化评估和质性评估的方式对教师的工作表现进行全面评估。这种方法既注重对客观数据的分析，又关注教师的主观感受和职业成长，从而更好地反映教师的实际贡献和自身价值。针对教师的各类考核，高校应该明确量化要求。量化考核主要关注教师的工作成果和绩效，如课时量、学生成绩、科研成果等。通过设定明确的量化指标，高校可以客观评估教师的工作量和贡献。尽管如此，定量评估通常无法涵盖教师职责的所有领域，尤其是在一些无法定量化的领域，如职业道德和工作态度等。因此，高校需要引入质性考核来弥补这一不足。在质性考核方面，高校可以通过设置"自我评价""同事评议"与"领导评价"等环节来全面了解教师的工作表现。自我评价可以让教师对自身的教学工作进行深入反思和总结，同事评议可以从同事的角度为教师提供客观的评价和建议，领导评价则可以从学校或教育机构的角度对教师的工作进行整体评估，帮助高校更全面地了解教师的职业素养、工作态度和团队合作能力等方面的情况。同时，为避免教师单纯追求工作数量而忽视工作质量的问题，高校需要建立质量与数量的转换折合机制。这种机制可以根据教师的工作质量和数量来综合评估其工作表现，确保教师在追求工作数量的同时，保持高质量的工作水平。这种机制的建立需要考虑多种因素，如学科特点、工作内容、学校或教育机构的发展目标等。

二、学生考核：落实以学生为中心的评价理念

（一）强化学生反馈机制的作用

学生作为教育主体，其反馈对于教学质量的提升具有不可或缺的作用。学生的反馈不仅是教师改进教学方法的重要依据，也是学生参与学校管理、提升教育质量的重要手段。因此，强化学生反馈机制的作用，对于促进高校教学质量的全面提升具有重要意义。为充分发挥学生反馈机制的作用，高校应当定期实施满意度调查。这种调查不仅是对教学质量的一次全面检查，更是对学生学习体验的一次深入了解。高校可以通过在线平台调查或发放纸质问卷的形式，收集学生对教学质量的看法、课堂互动的体验及课程组织的建议。在这个过程中，高校应当确保调查的匿名性和公正性，以消除学生顾虑，鼓励其提供真实、具体的反馈意见。同时，高校还要特别鼓励学生提供具体且具建设性的反馈。与传统的简单评价相比，具体且具建设性的反馈更具针对性和可操作性，能够帮助教师精准地找到教学中存在的问题，从而进行更有针对性的改进。如学生可以依据他们上课时的亲身经历，对课程的组织、内容、教学方式等方面提出改进建议。这些建议不仅可以为教师提供有价值的参考，还可以推动师生之间的互动和交流，增进彼此的理解和信任。首先，高校应当建立健全的反馈处理机制，确保学生的反馈能够

得到及时、有效的回应，包括对反馈信息的整理、分析和处理，以及对处理结果的跟踪和评估。其次，高校应当加强对学生反馈机制的宣传和推广，提高学生对该机制的认知度和参与度，通过举办讲座、召开研讨会等形式，向学生介绍反馈机制的重要性、操作流程和注意事项等。最后，高校还应当将强化学生反馈机制与教学质量评估、教师考核等制度相结合，构建完整的教学质量保障体系。

(二)着重鼓励学生参与课程设计

传统的课程设计主要由教师负责，学生往往只是课程的接受者。随着教育理念的不断更新，高校越来越认识到学生参与课程设计的重要性。这样做不仅可以确保教学内容符合学生学习的需求，还可以增强学生的学习主动性，培养其创新能力和合作精神。因此，鼓励学生参与课程设计成为提升教学质量的关键措施之一。首先，在课程规划阶段，高校应当积极邀请学生代表参与课程大纲的制定和修订。学生自身更了解自己的学习需求、兴趣点和学习难点，通过与学生代表的沟通与交流，教师可以更加准确地把握学生的学习需求，从而调整和完善课程大纲，确保教学内容与学生的实际需求相匹配。这种参与式课程设计的方式有助于激发学生的学习兴趣和动力。其次，高校可以定期举办工作坊和讨论会，为学生提供分享学习经验、为课程改进提出宝贵意见的平台。在工作坊中，学生可以围绕某一主题进行深入探讨和交流，分享自己的学习心得体会，这种交互式的学习模式能够扩大学生视野，并且有助于其培养批判性思维。同时，讨论会可以为学生提供一个向教师反馈学习问题、提出改进建议的机会。通过倾听学生的声音，教师可以发现教学中存在的问题和不足，及时调整教学方法和策略，提高教学质量。最后，利用学生助教资源也是鼓励学生参与课程设计的重要方式之一。学生助教不仅可以协助教师收集学生反馈、提供课堂支持，还可以成为师生之间的桥梁，有利于师生之间的沟通和理解。通过参与助教工作，学生可以深入地了解课程内容和教学方法，提高自己的学习能力和综合素质。此外，学生辅导员还能为教师提供宝贵的教育反馈和建议，协助教师持续优化教学策略。

(三)全面成立学生质量监控小组

在追求教学质量全面提升的过程中，学生的声音和反馈不可或缺。为了更好地收集、整理和分析学生的反馈意见，进而推动教学质量的持续改进，高校应当成立由学生代表组成的质量监控小组，他们能在教学质量监控中发挥至关重要的作用。学生质量监控小组的主要职责是定期收集和分析学生的反馈。这些反馈可以来自课程评价、课堂互动、作业质量等多个方面。为确保反馈的真实性和有效性，小组需要设计合理的问卷和调查工具，同时确保调查的匿名性和公正性。收集到的反馈数据将被仔细分析，以发现教学中存在的问题和不足。学生质量监控小组还会将结果报告给教学管理部门。这一报告不仅是对教学质量的一次全面评估，更能为教学管理部门提供决策依据。通过报告，管理部门可以了解学生的学习体验、教学效果及教学方法的适应性等方面的情况，从而有针对性地制定改进措施。为了增进师生之间的沟通和理解，学生质量监控小组还会组织座谈会、研讨会等活动。这些活动为师生提供了一个交流平台，让他们可以面对面地交流教学心得、分享学习体验，共同探讨教学质量的提升之道。教师可以更加深入地了解学生的需求和期望，学生也可以更加清晰地了解教师的教学风格和教学方法。可以说，全面成立学生质量监控小组，不仅可以提升教学质量，还可以培养学生的参与意识和责任感。身为团队一员的学生代表能够亲身经历并积极投入教育质量的监督与提升，这对他们的自我进步及未来的职业生涯有着深远影响。

三、绩效考核：持续改进考核机制形成激励

(一)定期评估，建立持续改进的激励机制

在现代教学管理体系中，绩效考核与反馈机制对于推动教师持续改进教学方法和提升教学质量具有重要作用。一套科学合理的绩效考核体系不仅能够准确评价教师的教学成果，还能够形成有效的激励机制，激发教师的工作热情和创造力。因此，高校需要构建一套定期评估、持续改进的激励机制，以促进教学质量的全面提升。首先，定期评估是构建持续改进激励机制的基础。高校应设定明确、可量化的评估指标，如教学满意度、学生成绩提升率、科研成果等，对教师的教学工作定期进行全面、客观的评价。这种评估应是全方位的，既包括课堂教学质量，也包括课外辅导、学生互动等。同时，评估过程应公开透明，确保评估结果的公正性和准确性。其次，建立持续改进的激励机制是绩效考核的核心目标。在评估结果的基础上，高校应根据教师的表现和需求，制定个性化的激励措施。对于表现优秀的教师，可以给予物质奖励、晋升机会等实质性的激励；对于

表现一般的教师，可以提供专业培训、教学指导等支持性的激励。这些激励措施应该与教师的职业发展紧密相关，能够激发他们的工作动力和创新精神。再次，构建有效的奖励制度时应关注教职员工的自我提升和个人事业发展。高等教育机构应当给予教职员工充分的发展机会，帮助他们明确职位升迁路径。另外，学校也需增加同教职员工的互动与对话，理解他们的需要和愿望，并根据教职员工的特点制订出合适的职业生涯计划。最后，持续改进是绩效考核与反馈机制的永恒主题。高校应该根据评估结果和教师的反馈，不断调整和优化绩效考核体系，确保其始终与时俱进、符合教育发展的实际需求。同时，高校还应该加强对激励机制的监督和评估，确保其能够真正发挥作用，促进教学质量的持续提升。

（二）考核过程中确立灵活的考核评定标准

在高等教育环境下，对教师进行绩效考核是帮助提升教学质量、促进教育创新的重要手段。然而，传统的考核评定标准过于刻板，难以全面反映教师的教学水平和实际贡献。所以，在评估流程中应设定灵活的评价标准，激发教师的工作热忱、推动教学品质的持续进步。首先，灵活的考核评定标准能够更好地适应不同学科和课程的特点，可以根据学科和课程的特点制定不同的考核指标和权重，准确反映教师的教学水平和贡献。其次，灵活的考核评定标准更加注重教师的实际教学效果和学生反馈。教学质量的提升是教师绩效考核的核心目标之一，而学生的实际学习效果和反馈是评价教学质量的重要依据。通过确立灵活的考核评定标准，将学生的反馈和意见纳入考核体系，从而激励教师关注学生的学习需求，提高教学效果。最后，灵活的考核评定标准还能够激发教师的创新精神和个性发展。传统的考核标准往往过于注重教学数量和形式，忽视了教师的创新精神和个性发展。而灵活的考核评定标准可以根据教师的特长和优势制定个性化的考核指标，鼓励教师在教学方法、课程内容等方面展开创新和探索，促进教师的个性发展和教学风格的形成。

在确立灵活考核评定标准的过程中，高校应注重以下几点。首先，确保考核标准的公平性和透明度，避免出现主观性和歧视性。其次，加强与教师的沟通和交流，充分了解他们的教学特点和需求，确保考核标准真正反映教师的教学水平和贡献。最后，及时调整和优化考核标准，确保考核始终与时俱进，符合教育发展的实际需求。

第四节　高校教学管理的评价阶段

高校教学管理的评价是对教学工作进行全面、客观、科学的评估，旨在发现教学中存在的问题，提出改进措施，并推动教学质量的持续提升。评价是教学管理工作的重要环节，对于完善教学管理体系、提高教学质量和促进学校发展具有重要意义。在评价阶段，高校的教学管理工作需要做好多元的效果评估工作，以多种评估手段来实现教学管理质量的全面提升。

一、教学效果评价：全面增强教学实践活力

(一)对课堂教学形态进行变革

高校教育改革在推进过程中，课堂教学应是重要支撑点，应当杜绝"满堂灌"的不良做法，调整课堂形态，精简教学流程。高校教师应从生产实践中找到典型案例，将其引入教学活动，尤其是模块式、情境式、项目式教学模式，更应得到推广与利用。在教学方法改革过程中，高校需要充分运用尖端网络信息技术，以此来提高课堂教学效果。虚拟课堂、慕课等深受学生喜爱的智慧学习平台也应得到充分利用。对于专业的主干课程构建来说，高校需要考虑学生的需求，采取能够引起他们的兴趣、让他们喜欢并能提高学习效率的教导方式，如线上线下的融合教育、研究式的学习和小组合作实操等，以达到线上线下相融、理论实际结合、课内课外同步的效果。

(二)积极建设课堂，增强课堂活力

首先，高校需要所有教师都积极地参与课堂教学改革实践。为此，要组织教师进行课堂教学大比武活动，把听课、说课、评课当成常态工作来抓。与此同时，也要组织课堂教学评比与考核活动，在教师评优与晋升中，把课堂教学质量当成一项重点内容。其次，要鼓励教师对课堂教育方式进行深入研究，在教学实践中创新教学方法，使每一位教师都能在"三教"改革(教师改革、教材改革、教法改革)中有突出表现。教师要揣摩学生特点，在课堂教学中利用好多种方式，如实物演示、案例评析、现场模拟等，这些教学活动的组织必定会对学生起到吸

引作用。最后，要强化课堂管理。教学成效的取得，其前提就是课堂教学要有条不紊、井然有序，课堂学习氛围如何取决于教师的管理意识、态度、方法、水平等。为培养"立正"的学子，教师必须以身作则，以端庄和严肃的态度对待教育工作，绝不容忍教室里出现不良行为，严格控制并优化教育环境，使教育环境充满生命力和创新力。

(三) 建立"三元三维"评价体系

教学评价活动的开展要把学生当成中心，以多维度、多主体、全流程的方式进行评价，对学习效果进行分析。"三元三维"评价体系中，"三元"就是以学生、小组、教师为评价主体，"三维"则是从现场授课、岗位能力、综合知识三个维度入手。在评价与考核实施中，要充分利用在线课程平台，在不同环节对学生进行量化评价，以体现考核的科学性与合理性、立体性与全面性相结合的特点。在考核评价中，教学目标的达成率是一项重点，后台对每个节点的学习都设置了参数，根据各个功能模块的积分、测验评阅情况、教师对学生作业的评价等，对考核数据进行动态化存储与更新，确保教师对学生的学习实情有较为客观的了解。

二、管理效果评价：全面优化行政管理效能

(一) 改变行政管理理念，突出服务宗旨

高等教育机构需要确立"服务行政"的原则，自校级高层至所有基础行政工作人员都需要明确行政管理工作是为教师与学生服务的核心观念。在工作过程中，高校应该避免过分强调"监管"思维，而把"管理"视为一种表象或者工具。正确管理的关键在于优先考虑人本主义原则，高等院校必须视教师和学生为行政管理活动的焦点，并为他们提供支持，这样才能促进高校行政管理工作的进步，进而取得理想结果。此外，高等教育机构还需关注行政管理和学术自由度的平衡，二者间不可有过度干预、错误或是缺席的情况发生。当行政管理任务由特定部门或个人负责时，那么就让他们来完成；同样地，如果某项研究任务属于专家学者的职责范围，那就要充分利用其影响力，以便他们利用自己的专长发挥最大的功效和收益。因此，提升服务观念不能止步于口号，不仅要依赖各层级管理者对管理的正确理解，还需要从体制及规则方面提出规定限制。高校应同时注重内

部外的协同合作，使行政人员在主观意识中具有服务主动性，并通过规章制度来设定标准，还要使用行政审查、业绩评估等多种工具。

(二)精简机构整合部门，改革行政管理模式

许多高等教育机构存在机构过剩与部门职责重复的问题，这是一种普遍现象。为了解决这一问题，高校必须消除这些框架限制。高校应该懂得如何移除多余部分，因为过多的繁杂的行政结构会降低学校的管理效率。因此，要对功能类似或相似的校园单位进行合并，这样做可能会导致一些职位数量减少，但能带来整体行政管理的效益提高。此外，对于工作站点的设定也需要调整，传统的一级又一级的管理方式就像是一个金字塔形状。然而，这样的管理方式会导致大量的基层部门产生，出现职责混乱的情况，实际上更容易引发拖延行为，导致没有人愿意承担责任。因此，有必要改革这种层次化的管理策略，采用扁平化方式来实施管理，采取"大型部门制度"和"大规模的工作组"路线。扁平型管理方式可以利用扩大管理范围的方法来解决问题，其最大优势在于让决策者的意愿直接传达给执行者，而不需要经过多个中间阶层的中介环节，从而加速信息传递，防止信息扭曲，降低管理费用。因此，实施扁平化管理可以促进管理部门之间的有效沟通和主动合作，从而显著提升高校行政部门的管理效率。

(三)优化办公流程，提高办事效率

部分高校部门层级众多且程序复杂，很多教职员工与学生倍感困扰。常常听到教育工作者的哀叹，学校的规定过多且变动频繁，让教学管理工作人员感觉无法适应。比如，原本是一次简单的财务报告申请，却需经过一系列步骤，包括多个部门的审核及签署，有时因缺乏了解而导致多次往返，造成重复劳动，使一位优秀的教师和研究员沦为一名低效的工作助手。如果教师个人的横向科研任务由其担任负责人，他就负有责任和义务确保项目的执行和资金的使用符合规范性和合理性，然而根据规章制度，必须得到所属机构主管人员的签名才可报销。实际上，该主管人员对于具体的运用状况并不知情，这样不仅给主管人员带来了负担和压力，也令教师感受到严重的不被信任，效率也极为低下。因此，高校各层级的领导需要深入研究他们所设定的规则与程序，以确定其是否符合科学原则、是否有益于学生及教职员工的需求。在创建任何规章制度的过程中，领导应避免仅

考虑自身的工作便利或是保护自己，而是要考虑到个人的行为对其他人的影响。这是首要的服务观念问题，同时是一个有效工作的策略问题。执行管理具体工作的人员应学习如何站在他人的角度去理解事物，只有这样才能够正确定位，此外，学校领导在发布新政策前可以积极听取学生的想法。

(四)强化训练和选拔，提升团队的技能和品质

当前的行政管理者，由于传统的职业体系导致他们在工作中很少感受到压力，因此也很难激发他们自主学习和提升工作技能的热忱。为提升行政管理的职能水平，高校需要秉持持续学习的理念。首先，高校可以制定一整套完整且合理的学习方案，鼓励行政人员按次序参与训练以提升自我，这是一种组织性的主动关爱方式。其次，高校要强调业绩评估的重要性，将质量和数量相结合，并加入师生满意度等因素来衡量行政人员的表现，以此实现奖励优秀人员惩罚懒散人员的目标，这是一种制度化的被动引导策略。借助这种设计，能推动行政管理人员增强自主学习意愿。再次，在提升人员能力和素质的过程中，高校不仅要加强对管理团队进行现代科技知识的培训，重点关注他们的信息收集和传播、数据梳理和解析、电脑办公系统自动化等方面的能力，还要全方位地提升包括文件编写、与人交往、紧急应对、风险预防等多项能力。最后，在招聘新员工时，应当充分考虑其专业性，尽量让有专业知识的人员参与特定的管理任务，以降低管理过程中的培训费用，从而达到提高效率的目标。

三、持续改进策略：运用动态评价以适应当代教学管理发展进程

(一)基于新时代教育理念制定有针对性的改进策略

在当今这个信息爆炸、知识更新迅速的时代，教育理念也在不断地演变和升级。作为人才培育的关键场所，高校必须紧随时代潮流，持续刷新教育观念，以应对教学管理发展过程中的挑战。因此，高校需制定针对性的改进策略，确保教学质量和效率与时俱进。首先，高校应深入分析当代教育理念的内涵和特点，把握其核心要素和发展趋势。在此基础上，结合自身的实际情况和特色，制定出符合时代要求的教育教学目标。这不仅包括教学内容的更新、教学方法的改革，还包括教育评价体系的完善等。其次，高校应建立一种持续改进的文化氛围，鼓励

师生共同参与教学管理改进。通过定期的教育评估、学生反馈及教师互动等途径，及时察觉教学管理中的问题和短板，并采取有效的策略进行改善。这种持续改进的过程应该是一个动态的、循环往复的过程，确保教学管理始终保持在一个高水平状态。最后，高校应注重创新，不断探索新的教学管理模式和方法。随着信息技术的发展，高校的教学管理也面临新的机遇和挑战。高校要充分发挥信息技术的重要作用，以提升教学管理的效率和质量，促进教学管理朝数字化、智能化方向发展。此外，高校还应主动探索国际化、跨学科等新型教学模式，为学生打造更加多元、个性化的学习体验。

(二) 引入目标计划的动态调整机制

在持续改进策略中，引入目标计划的动态调整机制显得尤为重要。这是因为教学管理面临多变的教育环境和学生需求，只有灵活地调整目标计划，才能确保教学管理的高效运作和与时俱进。首先，动态调整机制能够帮助高校及时应对外部环境变化。随着社会的快速发展，教育政策、市场需求在不断变化。如果高校的目标计划过于僵化，就可能导致教学管理的滞后和失效。而动态调整机制则能够让高校在第一时间感知外部环境的变化，并迅速调整目标计划，以确保教学管理始终与外部环境保持同步。其次，动态调整机制能够提高教学管理的灵活性和适应性。在传统的教学管理模式中，目标计划往往是事先制订好的，很难根据实际情况加以调整。而动态调整机制则能够让高校根据教学管理的实际情况和反馈信息，灵活地调整目标计划，以满足不同阶段的需求。这种灵活性和适应性不仅能够提高教学管理的效率和质量，还能够增强高校的竞争力和创新能力。此外，动态调整机制还能够促进高校内部的沟通和协作。在制订目标计划的过程中，各个部门往往需要共同参与和协商。动态调整机制能够让这些部门在目标计划执行过程中保持紧密的沟通和协作，共同应对各种挑战和问题。当然，引入目标计划的动态调整机制也需要注意一些问题。一方面，动态调整并不意味着可以随意调整。高校在调整目标计划时，需要充分考虑教育规律和教学管理的实际情况，避免盲目跟风和随意变动。另一方面，动态调整需要有一定的稳定性和连续性。高校的教学管理也需要保持一定的稳定性和连续性，以确保教学质量的稳定和提高。因此，在引入动态调整机制的同时，高校也需要注重目标计划的稳定性和连续性。

(三)通过动态评价来形成螺旋上升的优质教育循环

在持续改进策略中,通过动态评价来形成螺旋上升的优质教育循环是一个至关重要的环节。动态评估不仅能够实时跟踪和反馈教学管理流程,还能提高教育质量。首先,动态评价能够帮助高校及时发现教学管理中的问题和不足。通过定期的教学评估、学生反馈、教师交流等多种方式,高校可以获取大量的教学信息和管理数据。对这些信息和数据进行深入分析和挖掘,就能够发现教学管理中存在的问题和不足,进而为改进教学管理提供有力依据。其次,动态评价能够推动教学管理的持续改进和螺旋上升。在发现问题和不足之后,高校需要采取有效措施加以改进。这些措施可能包括教学内容的更新、教学方法的改革、教育评价体系的完善等方面。通过不断地改进和优化,高校的教学管理水平会不断提升,形成一个螺旋上升的趋势。此外,动态评价还能够促进师生之间的互动和交流。在传统的教学管理模式中,师生之间的互动和交流往往受到限制。而动态评价则能够让师生更加积极地参与教学管理的过程,共同推动教学质量的提升,通过互动和交流,学生可以了解自己的学习情况和进步程度,教师也可以准确地把握学生的需求和特点,进而提供更加个性化、精准化的教学服务。最后,通过动态评价形成的螺旋上升的循环还能够促进高校的可持续发展。在这个循环中,高校不仅关注当前的教学质量和管理水平,还注重未来的发展创新。经过持续的研究和创新,高校能够不断增强其核心竞争力和创新实力,为社会的持续发展作出更多贡献。

第九章　全面质量管理视角下的高校教学管理的保障措施

全面质量管理框架下，高校教学管理的保障措施是实现教学质量和管理效能持续提升的关键。这些保障措施涉及资源的合理配置、人员的专业发展和体系的完善等多个方面，共同构成了高校教学管理的重要支撑。本章将深入探讨全面质量管理视角下的高校教学管理的资源保障、人员保障和体系保障，以期为高校的教学管理提供一套全面、系统的保障策略，确保全面质量管理理念在高校教学管理中得到有效实施，推动高等教育质量的不断提升。通过构建完善的教育保障体系，高校可以更好地应对教学管理中的挑战，提升教学质量，培养出更多符合社会需求的高素质青年人才。

第一节　全面质量管理视角下的高校教学管理的资源保障

随着我国高等教育的不断普及，导致国内高校资源分配模式发生变革。目前，我国的高等教育资源分配正从由政府主导的"政策型"转变为由市场驱动的"竞合型"多维度资源分配方式。由于政府职责还未全面转换，市场运作还不够成熟，各地区的经济增长速度也并不一致，所以现阶段高校的市场资源分配能力有待进一步提高，不同地区和学校之间的优质教育资源分布存在较大差异，加剧了发展不平衡现象。对此，基于全面质量管理理念应用的背景，需要通过多元化的资源确保高校教学管理工作的持续稳定运作与发展。

一、资源配置主体：从"政府调控"向"市场调节"转变

普通高校尤其是地区性的高校并没有足够的市场竞争力，非常依赖当地政府的有力支持。随着市场的不断发展与成熟，我国的高等教育资源分配应从政府全

权掌控转向市场调控。一项社会学研究指出："在现有的规划体系下，高等教育资源无法继续扩张，它的增加主要是基于市场环境下的制度革新来实现的。"例如，全国普通高等学校的教育资金来源包括了校园企业及社会服务的收益部分（即高校的商业盈利），其中，2014 年的总额是 19.7 亿元；2015 年达到了 25.95 亿元；2016 年为 23.48 亿元；到了 2017 年，这个数字变为了 20.9 亿元；到 2018 年，它又上升至 29.96 亿元。① 由此可知，这种营收存在波动特性，并且会受到市场影响。所以，高校必须根据市场经济的原则，构建有效且合理的市场机制，防止计划经济时期政府资源分配的不平衡和浪费问题，提升高等教育资源的市场供应力，有效运用市场杠杆，调整高等教育资源的流向，促使高等教育资源分配更加合理、公正，使得高等教育资源能得到最优配置。

考虑到各地区高等教育资源发展不平衡的状况，地方高校的市场资源竞争力较弱，亟需得到资源补充。为保证正常发展，地方高校更需要地方政府增加财政拨款。相比之下，具备资源获取优势和市场竞争力优势的学校的建成需要政府的适度放权，支持市场调节资源配置。高等教育资源的市场化配置不能完全依赖市场自由发挥，而是需要由政府相关部门加以监管和评估。因此，高等教育市场并非纯粹市场，有其独特规律，高校的资源配置也需要政府的引导和规范，以确保激励和约束机制的有效运作，从而更好地将全面质量管理的理念应用到当前高校的教学与管理实践活动中去。

二、权利的分配：由"政府统一管理"向"自由、监管和服务"转换

高等院校应努力争取独立运营权，其核心要素在于对人力、财务及物质资源的管理与分配，也就是高校的资源配置自由度。资源分配主要由政府提供资金并进行监管，因此高校在这方面的决策空间非常有限。首先，国家预算是严谨且有规定的，这既保证了管理的有序化，也制约着高校开展新项目的可能性，特别是在教学、服务、学生活动等多个方面，新项目的开展实行起来较为困难。其次，政府对于人员编制的掌控使得人才流转受到严重影响，亟待建立更加开放的选拔任用方式。再次，政府主导下的财政体系的资源分配重点倾向于基础设施建设，忽略了高校研究活动的独特需求，如更多的科研经费被用来购买设备，而不是用

---

①　数据来源：中国高等教育微信账号。

于调查、数据收集、技术革新或产品推介，导致学校的设备过度采购，实际使用效率较低。最后，如果能采用市场的资源分配方法，那么就可以把高校的资源分配权交给学校，使得其通过竞争来获得自身所需的教育资源，并将这些资源应用于迫切需要发展的领域。2017 年，《教育部关于规范和加强直属高校国有资产管理的若干意见》指出，我国要落实高校国有资产管理主体责任，加强资产配置管理，扩大高校处置权限，从而更好地发挥高校在教学管理工作中的自主性与积极性，从而更好地开展相应的教学与创新研究工作。

三、经费投入绩效：从"过程监控"向"成果评估"转变

自 20 世纪 80 年代初开始，由英格兰及威尔士高等教育的"有效性和效果研究组"所提出的"3e 原则"，即经济学(economics)、高效能学(effectivity)和成效度(effectiveness)的概念被广泛应用于高校的财会管理工作之中。这不仅超越了一般意义上的"高效率"，更注重通过合理地调配资源来实现更好的教学质量和社会效应；同时强调政府应更加关注其投资的教育项目是否真正产生了预期的社会收益或价值创造。根据教育部发布的相关文件，各地方教育局及其所属单位必须严格遵循这一思想，任何一笔开支都需有明确的目标导向，以及有能够衡量的产出才能得到支持。此外还特别指出对于那些短期内就能看到明显回报的项目，应当给予更多的重视而非仅仅追求快速见效的结果。因此，将经费投入绩效从过程监控走向成果评估，就能够通过多个方面的指标与体系来评定高校教学管理的质量效果，从而在当前全面质量管理的理念下保障高校教育实践工作的可持续发展。

四、人力资源评价：从"资源集中"向"资源均衡"转变

高校的人力资源评价政策旨在通过竞争和激励机制平衡资源配置。首先要改变过去的资源叠加政策，扩大不同层次人员的资源获取机会。教育部 2018 年印发的《"长江学者奖励计划"管理办法》中提出了"统筹人才选拔培养，避免与其他同层次人才项目重复支持"的原则，成为国家级人才工程评选的重要导向。其次要增加省级人才工程和重大项目数量，加大对区域性重要问题的研究力度。目前的资源，尤其是国家级荣誉及科研项目主要集中在极少数高校的极少部分人员手中。因此，加强省级资源配置，鼓励绝大多数高校教师参与竞争，从而更好地发

挥激励作用。最后是优化校级人才资源配置，支持地方为高校设立非竞争性科研经费，鼓励教师特别是青年教师深入研究、自由探索。同时，加快推进高校科技成果使用、处置和收益管理改革，完善和贯彻促进科研人员成果转化的收益分配政策。

五、优化资源利用：由"区块化策略"转向"一体化战略"

高校的教育资源整合优化策略旨在利用某种经济模式来推动从过去的"区块化策略"到现在的"一体化战略"的转型。首先，同级别的学校应被视为一个单位进行资源分配。当前，教育部门之间的资源分配没有完整的框架结构，导致"强者更强，弱者愈弱"的情况出现，即资源分配主要倾向于优秀院校或者较差的学校，出现了"两个极端，中间偏少"的局面。其次，应制定全国范围内的高校资源配置规则。地方政府需要执行一致性政策，省一级政府必须尽可能满足高校资源配给要求，而不能因经济条件不好而削减投资。再次，要确保学校的内部分配公平公正。例如，在增加某一领域的资金时，也需考虑到其他领域的需求；在增加研究经费时，应兼顾课堂教育的支出；在培养顶尖人才的过程中，要同时提高整个教职员工团队的水平；在注重重点项目的同时，也不能忽视普通项目的实施等。最后，是关于高等学校的地域资源共享制度的有效性问题。我国提倡高校间的教育资源公开共享，并采取诸如创建平台、一对一援助、政策指导等多种方式，以支持教师交流、学生交换、课目选择、学分认可等方面的工作，从而推进联合培育、协作创新、共赢发展目标的实现。由于现有的高校资源共享保护措施尚不完善，因此难以实现跨区、跨校的教育资源共享。所以，高校需要建立一个保障和评估区域性高校资源共享的机制，并结合财政投入政策，真正实现各高校之间及各地区之间的资源共享，以此来减少各高校的重复投资，进而推动内部资源的有效利用。

第二节 全面质量管理视角下的高校教学管理的人员保障

人员保障在高校的教学管理中具有至关重要的地位。教学管理的核心在于人，无论是教学计划的制订、教学资源的配置、教学过程的监控，还是教学质量的评估，都需要依靠一支高素质、专业化的教学管理队伍来实施。全面质量管理理念强调全体员工的参与和管理工作的持续改进，要求高校教学管理必须重视人员保障，确保教学管理人员具备全面质量管理的理念和技能。同时，强化对教育管理人员的培训及能力的提高，优化教师队伍构建，促进教职员工的全面发展，健全教育参与和评价体系，为高等教育的教学管理工作不断进步提供坚实支持，这正是全面质量管理理念在学校教育教学工作中的实际应用和实施需求。

一、人员素质培训：形成员工职业发展规划

全面质量管理视角下的高校教学管理，人员培训是构建教职员工职业发展规划的基石。这一环节不仅关乎教学管理的效率和质量，更直接影响到高校的整体发展和教育目标的实现。因此，系统地规划和实施人员素质培训，对于教职员工职业发展规划至关重要。首先，人员素质培训应始于对员工的深入了解和评估。高校应建立一个全面的员工能力评估体系，通过考核、问卷调查、面试等多种方式，全面了解员工的职业技能、工作态度、个人兴趣及发展潜能，这样的评估不仅有助于识别员工的现有能力，还能为后续的培训和发展计划提供有力依据。其次，基于评估结果，高校应制订个性化的培训和发展计划，包括需要提升的技能、需要拓展的知识领域，以及可能的职业发展路径。同时，计划还应包括具体的培训内容和方式，如培训课程、在线学习平台、工作坊、导师制度等，确保员工能够通过培训实现成长。再次，在实施培训计划的过程中，高校应注重培训效果和质量。高校不仅要提供高质量的培训资源，还要建立完善的培训效果评估机制，通过定期的考核、反馈和调整，确保培训计划的实施效果良好，及时发现和解决问题。此外，高校还应为教职员工提供各种职业发展机会，如给予晋升的可能性、参与关键项目、承担更多责任等，以便教职员工在实践活动中不断锻炼和提升自己的技能。同时，高校还应鼓励教职员工参与学术研究、课程开发等活动，为教职员工提供广阔的学术发展空间。最后，高校应建立一个持续学习和发展的文化氛围。高校不仅要通过制度保障员工的培训和发展机会，还要鼓励员工不断学习进步，通过定期组织分享会、研讨会等活动，促进教职员工之间的交流和学习，激发他们的创新精神和学习动力。

二、教学团队建设：打造优质教学管理团队

全面质量管理视角下，高校教学管理团队的建设对于教学质量和效率的提升

具有至关重要的作用。一个高水平教学管理团队的建设，不仅需要成员拥有扎实的专业知识和丰富的管理经验，还需要其具备良好的沟通协作能力和创新思维。首先，教学团队的建设应注重人才的选拔和培养。高校应构建科学的人才选拔体系，筛选出具备专业素质和管理技能的人才进入教育管理团队。同时，高校还应完善培训机制，为教学管理团队成员提供系统的培训和发展机会，帮助他们提升管理技能和专业素养。其次，教学团队的建设应强化团队协作和沟通。教学管理团队的成员应建立紧密的合作关系，共同制订和执行教学计划，确保教学工作的顺利开展。同时，高校应鼓励团队成员的交流和沟通，定期组织团队会议和活动，分享管理经验和教学心得，促进团队成员的共同成长。再次，教学团队的建设应激发团队成员的创新精神。随着教育技术的不断发展和教学需求的日益多样化，教学管理团队需要不断创新管理方法和手段，以适应新形势下的教学管理需求。高校应为教学管理团队成员提供宽松的创新环境，鼓励他们在实践中不断探索新的管理模式和方法，为教学质量的提升提供有力支持。最后，教学团队的建设还应注重团队文化的培育。团队文化是影响团队凝聚力和创造力的重要因素。高校应强调团队精神和合作意识，激发团队成员的工作热情和归属感。同时，高校还应建立公开、公正、公平的激励机制，为教学管理团队成员提供合理的薪酬和福利待遇，以及晋升机会和职业发展路径，从而激发他们的工作积极性和创造力。

三、做好绩效评估：实现对高校人员的整体激励

绩效评估不仅是对教职员工工作表现的衡量和评价，还是实现高校人员整体激励的有效手段。通过科学、公正、公平的绩效评估，可以激发教职员工的工作积极性、创造力和团队合作精神，提升高校教学管理质量和效率。首先，绩效评估应明确目标和标准。高校应根据教学管理的实际需求和教职员工的岗位职责，制定明确的绩效评估目标和标准，目标和标准应具有可衡量性、可达成性和挑战性，能够真实反映员工的工作表现和发展潜力。同时，目标和标准的设定应与教职员工充分沟通，确保双方对评估要求有清晰的认识和理解。其次，绩效评估应注重过程和结果的平衡。在绩效评估中，高校应该既关注员工完成工作的过程和方法，又关注工作结果的质量和效果。通过全面评估过程和结果，从而全面地了解员工的工作表现和发展需求，为后续的激励措施提供有利依据。再次，为保证评估的公正性和准确性，高校应采用多种评价方法和工具，如 360 度反馈、目标

管理法、关键绩效指标等。这些方法和工具可以从不同角度对教职员工的工作表现进行评价，减少主观性和偏见，提高评估的可靠性和有效性。此外，绩效评估应与员工激励紧密结合。绩效评估的目的不仅是评价员工的工作表现，更是激励员工不断进步和发展。所以，高等教育机构应确保绩效评估与员工的薪酬、晋升和培训等方面密切相关，以合理的激励方式激发员工的工作热情和创造力。同时，高校还应根据员工的个人特点和发展需求，为其提供个性化的激励方案，如职业发展规划、学习机会、工作挑战等，以满足员工的不同需求，提高整体激励效果。最后，高校应定期对绩效评估结果进行回顾和总结，发现问题和不足，并及时制定改进措施。同时，高校还应将评估结果及时反馈给员工，与员工充分沟通和交流，共同制订改进计划和发展目标。通过反馈和持续改进，不断提高员工的工作表现和发展潜力，实现高校人员整体激励的良性循环。

四、强化社会合作：用学术研究来保障发展

在全球化趋势日益显著和知识经济飞速发展的今天，高校已不再是孤立存在的空中楼阁，而是与社会各个领域紧密联系、相互依赖的个体。全面质量管理视角下的高校教学管理强调社会合作，用学术研究来保障发展，已成为提升高校综合实力和教育质量的重要途径。首先，强化社会合作能够为高校带来更加丰富、优质的教育资源。通过与政府、企业、科研机构等社会各界的合作，高校可以引入更多的资金、设备、技术和人才，从而改善教学条件，提高教学质量。同时，社会合作还能为高校提供更多的实践机会和就业渠道，帮助学生更好地适应社会需求，提升自身的就业竞争力。其次，学术研究是高校与社会合作的重要纽带。高校作为学术研究重镇，拥有大量的科研人才和成果。通过与社会各界的合作，高校可以将这些科研成果转化为实际应用，推动社会进步和经济发展。同时，社会合作也能为高校的学术研究提供更多的实践案例和研究素材，助力于科研工作的深入开展。最后，强化社会合作还能提升高校的学术声誉和影响力。借助与全球知名企业和科研机构的合作，高校能提升自身的知名度和影响力，吸引更多的杰出人才和学生。社会合作还能为高校的学术成果提供更多的展示平台和推广渠道，提升高校的学术地位和话语权。

在社会合作过程中，高校一是要明确合作目标和原则，确保合作符合高校的发展规划和教育理念；二是要选择合适的合作伙伴，确保双方能够优势互补、共

同发展；三是要完善合作机制和管理制度，确保合作的顺利进行和成果的有效转化；四是要加强与合作伙伴的沟通和交流，及时解决合作中出现的问题；五是要注重学术研究的创新性和实用性。在全面质量管理视角下，高校的教学管理应注重学生的主体地位和需求，因此学术研究也应关注学生的发展和社会需求。通过创新研究方法和手段，深入挖掘学生潜力和特长，为社会培养出更多的优秀人才，同时高校还应将学术研究成果应用于实际教学中，通过实践来检验和完善研究成果，实现教学与研究的良性互动。

五、激励学生参与：构建学术参与教学反馈机制

全面质量管理视角下，高校的教学管理不仅要注重教学质量，更要强调学生的参与和反馈。学生的参与和反馈不只是提高教育质量的核心环节，也是提升学生学术素养和实践技能的关键路径。因此，构建学术参与教学反馈机制，激励学生参与教学管理，对于高校的教学质量管理至关重要。首先，构建学术参与机制，激发学生的学术研究热情。高校应通过举办学术讲座、研讨会、开展科研项目等活动，为学生提供参与学术研究的平台。这些活动不仅可以让学生了解学术前沿，拓宽知识视野，还可以培养学生的科研兴趣和能力。同时，高校还可以建立学生科研项目和学术奖励机制，鼓励学生主动参与学术研究，发表学术成果，激发学生的学术潜能和创造力。其次，建立教学反馈机制，提高教学管理的针对性和实效性。高校应构建健全的教育反馈机制，采用问卷调查、召开座谈会和个别访谈等方式，收集学生对教育工作的意见和建议。再次，高校还应建立教学评估体系，对教师的教学质量进行定期评估和反馈，帮助教师了解自身教学的优缺点，及时调整教学方法和手段，不断提高教学效果。最后，为了更有效地激励学生参与和提供反馈，高校需要提供参与机会，如学生助教、助研等岗位，让学生有机会直接参与教学过程；建立奖励机制，对于在教学反馈中提出有建设性意见或在教学参与中表现突出的学生给予适当奖励；同时高校也要加强与学生的沟通，与学生定期沟通，了解他们的学习需求和困难，并为其提供有针对性的指导和帮助；另外高校也需推广成功经验，宣传和推广学生在教学参与和反馈中的成功案例，以激励更多的学生参与教学管理。高校也应重视提升学生的自我学习及协作学习的技能。高校可以借助先进的信息科技工具，如网络教育系统、社交媒介等，向学生提供更方便且多样的学习途径，以刺激学生的求知欲望。

第三节　全面质量管理视角下的高校教学管理的体系保障

教学质量保障体系对于提高高校的竞争力具有关键作用。建立并优化教学质量保障系统对高校在严峻的竞争环境下维持其领先位置至关重要。对此，基于全面质量管理理念全面应用的背景，高校的教学管理工作需要做好相应的质量体系保障，从而实现高校教学质量管理的全面提升。

一、目标保障体系

目标保障体系的首要作用是为教学管理提供明确、具体的教学方向和目标。在当前高校的教学管理工作中，目标保障体系将教学管理分解为多个相关联的子目标，并通过建立相应的监控和评估机制，确保各个子目标之间的协同和衔接，从而提升教学管理的系统性和协同性，提高管理效率。这些目标不仅能指导教师的教学活动，也能为学生提供清晰的学习路径。通过设定和分解目标，高校可以确保教学活动与学校的整体发展战略相契合。

(一)质量目标

高校的教育质量目标是对学生个人发展进行整体规划，其中包含对特定领域的需求设定。为明确教学任务和学习目的，高校必须清晰地界定培训方向。培训方向不仅应反映高校的核心理念，还需满足国家和公众的教育需求，以及社会期待。在制定教育教学策略时，高校应依据高校的综合素质提升目标来设计课程体系。这些成果预期值应基于当前的社会经济状况，展示学生在道德修养、智慧思维能力、身体运动技能等方面的全面进步，并确保他们在艺术文化方面的发展得到充分关注。通过这样的规划，高校能够更加系统地培养出符合时代要求的高素质人才。

(二)质量标准

就教育质量和标准设定而言，一般情况下，这些标准会与学生的毕业条件保持同步。因此高校应依据专业教育目的来设立清晰、透明且易于测度的教育质量标准。首先，质量标准是一种对学生所学成果的基本规定，也是评估他们是否能够顺利达成学业的标准；其次，质量标准需要针对学生在知识、技能及品质上的提升提供具体指导，以支持学生成长并达到预期结果，同时必须满足《普通高等学校本科专业类教育教学质量国家标准》的要求。对此，在构建质量标准体系的过程中，高校需要建立有效的质量监控机制，以确保教学过程中的各个环节都符合质量标准，包括定期的教学检查、学生评教、同行评议等方式，以及收集和分析教学质量数据，发现问题并及时改进。同时高校也需建立质量改进机制，持续改进教学质量，如定期评估教学质量标准的有效性、收集和分析教学质量数据、制定改进措施等，为高校的教学管理工作奠定基础。

二、资源保障体系

（一）师资队伍建设

从教师团队建设的质量标准来看，高校应当制订并执行教师团队建设的规划和实施计划；采取有效手段强化教师团队建设，并对其成果进行适时评估。根据教师团队的数量和质量标准，主讲教师、实验技术专家及辅助教学人员的数量应满足本科教育的需求；同时，专任教师的年龄、学历、职称、学识等因素应当合理且发展前景良好。

针对师范道德和作风的提升，高校需要关注学校的教职员工意识形态的发展情况，同时以品行为主要评判指标来评估其表现水平。高校要进一步增强对教职员工教育的重视程度并加大宣扬力度，同时也要严密监控管理工作流程，并对管理工作流程增加理解与研究深度。此外还需确保所有关于教学工作的环节都包含了有关师生关系方面的考量因素——高校的教育目标是要让所有的学生都能得到全面的教育体验，并且能够感受到来自教师的关爱及支持。

就教育者的教导能力而言，高校需要构建一套针对教师教学能力的评估及评定体系，并设定相应的评分准则。教师的教学能力和所教授的学生、学习目的相匹配，例如，对于研究型发展方向的学生，教师应具备较高的理论知识水准；而针对实用型发展方向的学生，教师需拥有更为丰富的实际操作经验。

对于教育者来说，传授知识和培养人才是其基本任务之一。高校应重视对教育者的评估并将其视为评价教师绩效的关键因素，以确保他们能专注于本科教育工作。同时，应当让高级讲师给初级学生授课，保证每位高校教师每年都需承担一次或以上的基础学科讲座，并且采用由资深学者主持专业科目的方式来开展研究与讨论活动，由名声显赫的高级导师开办针对新生的专题研修班，激励高等院校的所有成员参与课堂教学，并作出贡献。

就教职员工的发展需求和服务质量而言，校方需要设立专职的教职员工教学进步部门或相似的独立单位，以为教职员工供给专业的训练、服务及科技支援，以便提升其教育教学技能；也应制定相应的教师教学奖赏机制，激发他们专注于教育的热情，并持续优化教学技巧；还需构建包括教研室、教学小组、课程群等基础性的教学团体，强化集体授课，深入探讨教学中的关键难题；同时要充分发挥资深教师的传承指导功能，实施助理员制度，加强对助理员、助理研究员、助理管理员的工作投入；定期安排对年轻教师的专业培训和深造学习，以此提升他们的专业技术能力和教学实力。

就教师分级管理的质量需求而言，教育机构需要优化并细化教师的等级划分与评估体系，明晰各类教师的工作责任和义务，建立相应的升迁、聘用、评定、奖励和处罚规则，以及补贴标准；对于承担基本课程教学的教育者来说，应主要关注其教导任务、学生的培育质量、研究结果和学术成就，考虑设立专门的教学职位；而针对实验室技术专家，高校更应注重他们在学生实验实训、教学设施创新、实验项目的创建等方面的影响力，同样也可以探索设立专职于实验教育的职位；此外，高校还需调整薪资发放方式，实行绩效工资制度，并将更多资源倾向于教学第一线的人员，尝试推行基于教学工作量和成效的年度薪酬制度；最后，高校也应健全教师退出机制，如果某位教师的教学表现不佳或者学生强烈不满，那么其就不再被允许继续承担教学任务。

(二)教学基本建设

从专业建设的角度来看，学校须制定管理规定，明确专业设置论证、评议和审批程序，确保新设置专业与学校办学方向相符合，有利于学校特色发展、优化学科结构、体现学科优势，提供充足的教学资源，确保人才培养质量；学校须制定建设规划，明确建设目标、内容、政策和制度保障；打造一批特色显著、被认可的品牌专业，展示办学特色和人才培养优势。

高校内部需要建立一套完整的课程构建计划，包括设定具体的目标和任务、实施的策略及规章制度、所需的支持等。同时，高校也应采取有效手段来实现这些目标。此外，高校还需依据教学流程的标准编写课程教材大纲，并提供教案等教学资料。另外，高校还需要积极地投入课程资源的开发，创建出一系列优质的线上、线下的课程资源，以满足学生的多样化需求。最后，高校必须重视对关键课程的研究，努力开发一些优级课程。

考虑到教材建设的质量标准，学校需要制订出一套教材建设方案，以确保能够获得所需资金；同时，应加强对教材研究和高品质教材的建设，设立包括教材编写、选择、供应在内的管理体系，以确保教材的先进性和适用性，并且配备相关的辅助教材。

(三) 教学设施建设

在全面质量管理视角下高校的教学管理体系中，教学设施建设的保障措施至关重要。一是资金投入与优先级设定。高校应确保对教学设施建设投入足够的资金，并将其作为优先事项。资金的分配应根据教学需求和设施的老旧程度进行优先级设定，确保关键设施和急需更新的设施得到优先处理。二是设施更新与维护计划。制订设施更新与维护的详细计划，包括设施的使用年限、更换周期及定期维护的时间表，通过及时更新和维护设施，可以确保其性能稳定、安全可靠，从而能够满足教学需求。三是教学空间优化。对教学空间进行合理规划和优化，确保教室、实验室等教学场所的布局合理、通风良好、采光充足。同时，关注教学环境的舒适性和安全性，为学生提供符合人体工学的教学桌椅、照明等设施。四是技术支持与创新。利用现代技术手段升级和创新教学设施，如引入智能化教学设备、建立在线教学平台等。五是对教学设施进行定期监测和评估，了解其运行状态和使用效果。通过收集和分析数据，及时发现问题，并采取相应措施加以改进。

(四) 教学经费管理

教育资料构建资金的需求应被充分考虑并予以充足支持。首先，在高校的预算制定与审批过程中，高校内部需要制定详细的年度教学经费预算，该预算应基于教学需求、设施维护、师资发展等多个方面，且预算需经过学校管理层审批，确保经费的分配和使用与学校的整体发展战略相符合。其次，在经费申请和分配过程中，高校需要根据各教学单位的需求和教学计划的优先级，合理分配教学经费，建立针对经费使用的监控机制，定期跟踪经费使用情况，确保经费的合理使用和有效管理。最后，在成本控制与效益分析过程中，高校需要分析教学经费的支出结构，识别成本控制关键点，采取措施降低成本，同时对教学经费的投入产出进行效益分析，评估经费使用效率。高校也需要增强教学经费管理的透明度与公开性。如建立教学经费使用的透明度和公开性机制，向师生和社会公众公开经费使用情况，同时接受内外部审计，确保经费使用的合规性和合法性。

三、过程保障体系

过程保障体系是通过对教学过程的全面监控和持续改进，确保教学质量符合国家标准和教育目标的机制，主要包括培养方案的制定、教学环节的敲定、全方位育人理念的渗透等多个方面。过程保障体系能够确保教学质量、促进师生发展、优化资源配置、增强社会适应性和推动教学持续改进，对于提升高校的整体办学水平和竞争力具有重要意义。

(一)培养方案

根据已经制定的教育计划的标准，培养方案必须清晰地阐述专业的培训目的和标准(或者说毕业条件)，并且以这些作为基准来设定学习阶段，构建课程结构。培养方案需要强调学校的教育特质，对研究型发展方向的学生来说，应强化他们的理论根基，将课堂教导与科学研究相结合，重点培育他们独立思考和创造的能力；而针对实用型发展方面的学生，则应当加大实际操作训练的内容，注重实验室实习内容的基础性和适用性，提升他们运用所学知识和执行任务的能力。对于培养方案的实施和管理水平的要求，学校应设立严格的管理体系以确保方案的顺利执行；应制定培养方案和修改管理规则，从而明确制定、修改和审核流程。

(二)教学环节

对于课程教育的品质标准而言，高校需要采取"以学生为主导、教师为引导"的教育方式，并将学生的学业表现作为评判标准，同时推动信息化与教学流程的整合，利用先进的信息科技革新传统的授课模式。

对于实验教学的质量标准，高校应提高研究和设计类型的实验比例，为学生提供更多自由探索的可能性，如需要配备科研能力优秀的实验教学人员来提升实验教学的质量；同时推行开放式的实验管理，以便给予学生更多独立实验的机会。

针对大学生的毕业项目或研究报告的要求，高校应当强化其整个流程的管理，包括选择主题、开始阶段、回答问题等各个步骤；针对教师的培训，培训内容应来源于教师的专业经验与科学研究任务；而针对实用型发展方向的学生的训练，训练内容则来自实际工作环境的需求，并采用高校与公司共同监督的方式来实施；高校还应对毕业项目加以全程辅导，并且限制每个指导教师的指导人数。

针对实习和培训的品质标准，高校应强化对实习训练设施的维护。针对理论知识的学习，高校需要同研究机构及公司共同建立科学实验和实际操作的基础设施；而针对学生实用技能的培育，则需联合企业和相关产业部门来创建实习训练场所，以确保实习训练的良好效果。

(三) 全方位育人

质量教学管理不仅是专业领域的教育，而且在如今全面推进大思政教育理念的背景下，思政教育中的全方位育人理念也能在高校的教学管理中发挥重要作用。就思政教育的质量标准而言，高校需要进一步提升学校的思想政治教育系统构建，实现全面的教导模式，涵盖所有环节的教育方式，从而达到全方位的培养效果。同时，高校也需重视对思想政治理论课堂师资力量的优化，深化"思政课程"与"课程思政"的协同发展，打造出一系列具有代表性的课程思政精品课程、课程思政教学研究典范中心及优秀的课程思政讲师团队。

对于学校的第二课堂教育，高校需要高度重视其通过各种途径如社团参与、社区研究和实地考察、科学技术项目及比赛、艺术表演、各式讲座等产生的育人效果。同时，高校也应构建并且持续优化这一系统的各个部分，使之成为全面质量教学管理的核心组成部分。此外，高校要把这些课程融入整体人才培育计划，让它们能有效地补充或提升高校学生在传统课堂上所学到的知识，从而实现全方位的教育目标。

就大学校园的学术氛围而言，高校需要实施有效的策略来强化学术环境，激励和指导学生热爱祖国，立下远大目标，追求真理，并付诸实践行动；同时，高校要制订出一套构建学术氛围的计划，举办形式多样的学术文化活动，使高校的学术气氛更加浓郁，使得学生的研究目标更为清晰，学习心态更为积极，学习热情更加高涨。

另外，高等院校的职责在于构建并维护高质量的教育辅导系统，包括聘任专业的教师团队以满足学生的需求，为学生提供所需的学习设施及环境，同时实施课程教学、职业发展计划引导、求职技巧培训与大学生的心理咨询工作，给予有经济困扰的学生以援助，以此来助力学生的全面发展和进步。高等院校的招生及就业质量标准需要被重视并加以提升。高校必须把招生和就业视为人才培育的关键部分去执行，强化就业辅导服务的提供，优化职业发展的教学内容结构。同时，高校要进一步推动创新教育的实施，以此增强学生的创业思维和创业精神，通过大学生的创业活动来刺激和推进就业。

(四) 教学改革

从高等教育的计划和策略的质量标准来看，高校应有清晰的教育改革总体方向，制订切实可行的教育改革计划和具体的执行方案，实施有效手段，推动广大师生积极参与教育改革的研究和实践。就高等院校的教育培训体系改进质量而言，校方应依据前沿的教育理念来推动人才培育方式的转变，塑造独特的教学风格。高校需要大力推行协同教育变革，针对研究型的学科发展，促进科学与教育相结合，设立未来的科技学院；而针对实用性的技能提升，则需推动企业和学校的联合，创建实用的工业大学。

就教育方式的改进而言，高校需要在学校层面大力推行教育教学方法的创新，包括研究型、探讨式、混杂式、颠倒式的学习方式，以此来强化教师授课与学生学习之间的联系，并利用互联网、数据分析、AI技术、虚拟现实等先进科技手段提升教学及管理效率，尝试实行在线化、数字化、智能化、个人定制的教育策略，完成由"以教师为核心"到"以学生为主导"的教学转型。

就高等院校的创新创业教育质量而言，高校需要加大创新创业观念教育，将其融入学生的培育过程；推动科学研究和课堂教学之间的交流，将科研成果迅速转变为课程素材，并有效利用优质科研资料作为教学材料；应鼓励本科生使用重点实验室、研究中心等设施，激励他们在科研过程中不断成长，尽早进入课题组、实验室及团队开展工作。

因此，高等院校对实际教学管理的质量需求主要体现在以下两方面：一方面,需要深化其实践教育观念,强调理论和行动的一致性,并真正加大实践课程的教育力度,构建出一套合理且有效的实务教育系统;另一方面,主动寻求与各相关部门、研究机构、产业及公司之间的合作,充分发挥其社会资源优势,推动实践教育的进一步发展。

四、管理保障体系

管理保障体系的应用主要是通过制定明确的教学质量标准、监控教学过程和实施有效的教学评价,确保教学质量符合预期要求。高校需要密切关注社会需求变化,及时调整教学策略和专业设置,使高校的教育符合社会发展和行业需求,增强学生的就业竞争力和社会适应能力,提高高校的社会声誉和影响力。

(一)管理机构与队伍

对于管理质量标准,学校应该设立完善的质量管理组织体系,并明确各个组织体系的管理权限、职责及它们之间的关联性,以保证质量管理工作的有效实施、职责落实的顺畅高效。从高校管理团队的质量标准来看,学校应当构建一支素质优秀、人数充足且结构合适的质量管理团队,以便审查、监控和引导日常教学任务。

(二)质量监控

就常规教育质量管理的要求而言,高校必须构建对关键教学流程的常态教育质量监管机制(如课程监督制度、学生的评价体系、教师的评估系统、实操阶段的过程审查制度等)并且要确保其有效实行,使得授课与实习等教学活动的实际操作能够保持高效的监察状态。同时,高校也应制定一套专门针对各个专业、课程和实验室的内部质量评估体系,并确保其能够定期地、有效地执行。同时,质量评估也需要重视学生及校外专家的参与,应建立对学校质量保障体系进行管理评审的制度。校领导应当负责主持评审,按照规定的评审办法、程序和时间周期,评价学校的质量保障体系,确保其完整性、适宜性和有效性。基于外部质量评价的标准,高校应积极借助学校外部的专业机构和社会中介组织,开展第三方质量评估,如进行专业认证与评价等。

（三）质量分析

高校需依据质量信息追踪调查标准，建立一套完善的质量信息追踪调查与分析机制，以确保教育质量。这一机制不仅要求高校定期进行质量信息的追踪调查，还要确保这些调查的有效执行。为此，高校需要采用科学且高效的方法来收集、整理和分析质量数据，以保证信息的可靠性和准确性。首先，高校要明确质量信息追踪调查的目的和标准，制订详细的调查计划和方案，具体包括调查的时间、范围、对象、方法及数据的收集、整理和分析流程等。同时，高校应建立专门的调查团队，负责具体的调查工作，确保团队成员具备相关的专业知识和技能。其次，高校应采用多种方式如问卷调查、访谈、观察、文档分析等来收集质量信息。在收集信息的过程中，高校要确保数据的真实性和完整性，避免数据的遗漏和失真。最后，高校应根据质量信息统计分析结果，运用科学方法对质量数据展开深入研究，生成质量报告。这些报告应详细反映高校在教学、科研、管理等方面的质量状况，以及存在的问题和改进措施。高校应公开教学质量报告，接受师生和社会的监督，以促进高校教学质量的持续提升。

（四）质量改进

全面质量管理视角下，各大高校对于质量改进给予了高度的重视。质量改进不仅是提升教育质量的关键环节，也是高校持续发展的核心动力。为此，高校需要制定明确的质量标准，针对人才培养过程中出现的问题采取有效措施。首先，高校应对人才培养中出现的问题和不足进行深入分析，找出引发质量问题和导致不足的原因。高校需要构建一套完善的质量监控机制，及时发现并反馈问题。在此基础上，高校需要制定针对性的改进措施，确保这些措施能够消除问题根源，避免质量问题的再次出现。其次，高校还应关注潜在的人才培养问题和不足。高校需要预测和识别可能出现的问题，对于潜在的问题，高校应采取有效的防范措施，消除可能引发质量问题的因素。此外，高校应不断提升质量保障体系的有效性，如高校利用质量监控、质量分析、纠正和预防措施及管理评审等方式，持续改进和优化质量保障体系，高校通过设定明确的质量目标，可以明确改进的方向和目标；通过纠正和预防措施，高校可以消除问题的根源，并防止问题的再次出现，以此来对质量保障体系进行全面评估和优化。

(五)质量文化

在全面质量管理视角下的教学管理体系中,质量文化的构建与发展占据举足轻重的地位。高校相关人员必须深刻认识到,质量文化不是一种表面的口号,而是校园文化的核心组成部分,是推动高校持续改进、提高教育质量的重要驱动力。因此,高校应全面、深入地研究质量文化的构建工作。首先,高校应明确质量文化的核心价值观和理念,并将其贯穿于学校的各项工作中,包括教学质量、科研质量、管理质量等方面,确保全校师生都能深刻理解和认同质量文化内涵。其次,高校应关注提高全体教职员工和学生的质量文化素质。通过培训、教育、宣传等多种方式,增强全校师生的质量意识,提升师生质量素养,这不仅可以提高学校的教育质量,还可以培养师生的责任感和使命感,推动学校的持续发展。最后,高校还应确保质量文化的理念能够真正落实到师生日常的行为准则中,通过制定和完善相关的规章制度,规范师生行为,确保学校的各项工作都能符合质量文化的要求。

结　　论

全面质量管理理念是当前强化社会组织管理效能，提升组织内部工作质量的有效途径。高校的教学管理工作是一个系统且庞大的工程，其中涉及教学人员、管理人员、学生、后勤人员等多类群体，将全面质量管理理念全面应用到高校的教学管理工作中，则能够在教学管理工作中形成一个相对标准化的教学管理模式，形成相应的教学管理系统，基于质量保障来实现高校教学管理效能的提升。

在此次调查研究中，笔者发现将全面质量管理理念应用到高校的教学管理工作中能够使整体的教学管理工作更加系统化、规范化，对于高校的长期建设与持续发展有着重要的推动作用。首先，全面质量管理强调过程的持续改进和全体员工的参与。在高校的教学管理中，这意味着不仅要关注教学结果，更要关注教学过程，并对每一个环节进行细致入微的管理和优化。其次，全面质量管理强调以客户为中心。在高校的教学管理中，学生就是高校的"客户"。因此，教学管理工作应以学生为中心，以满足学生的需求为出发点和落脚点。最后，全面质量管理注重预防和预测。在高校的教学管理过程中，高校要善于寻找并归纳出教学管理中的问题，并提前采取行动加以预防和干预，以防止问题的发生或扩散。对此，全面质量管理理念在高校教学管理中的应用，有助于高校更好地开展教学管理工作，提高教学质量，满足学生的需求。在全面质量管理视角下，高校的教学管理工作也暴露出缺乏弹性、削弱了教师的工作热情、教学管理队伍建设落后、理论重视度不高、实践教学管理单一、教学评估体系不健全、大数据与高校教学管理的耦合性有待提高等问题，由此引发了当前"质量革命"环境下对高校教学管理效能的反思。因此，针对全面质量管理视角下高校教学管理工作中存在的问题，高校应该强化对全面质量管理理念的学习和研究，持续改进并优化高校的教学管理模式，提高教学管理人员的素质和能力，从而推动高校教学管理工作的持续改进和发展。

参 考 文 献

[1]何志强，李迪宏，张燕等．基于质量标准的民办高校教学质量保障体系构建——以广州商学院为例[J]．高教学刊，2024，10(5)：62-65，72.

[2]林岩．新媒体时代高校教学管理"以生为本"理念的践行路径[J]．新闻研究导刊，2024，15(2)：161-163.

[3]徐清全，蔡春元，王晴等．基于卓越绩效模式的供电企业全面质量管理实践研究[J]．经营与管理，2024(1)：115-121.

[4]王海霞．高校体育教学管理的意义、现实困惑与提升路径研究[J]．科技风，2024(1)：35-37.

[5]吴燕华．产教融合下应用型高校教学管理改革策略研究[J]．才智，2024(1)：130-133.

[6]王焱．基于数据挖掘技术的高校教学管理信息化探索[J]．教育教学论坛，2024(1)：109-112.

[7]王莉薇，马亚琴，王晓丹．以人为本背景下高校教育教学管理模式改革研究[J]．佳木斯职业学院学报，2023，39(12)：187-189.

[8]陈明阳．大数据背景下高校教学管理信息化建设路径探究[J]．时代报告(奔流)，2023(12)：140-142.

[9]师慧，黄乐富．标准化助力高校教学管理质量提升的策略分析[J]．中国标准化，2023(24)：51-55.

[10]陈艳丽．校企合作下高校化工专业学生教育教学管理研究[J]．塑料工业，2023，51(12)：201.

[11]潘迪，杜立婷．高校课程教学质量评价指标体系的构建及数据分析：以房地产开发项目管理课程为例[J]．黑龙江科学，2023，14(21)：113-115，118.

[12]张新建．国外高校实施全面质量管理的研究综述[J]．上海质量，2023（10）：46-51．

[13]许榕．基于"以生为本"理念的高校教学质量管理保障体系研究[J]．大学，2023（29）：81-84．

[14]胡利超，李建龙．高校教学单位质量管理体系建设：新时代高等教育质量文化的内涵及逻辑建构[J]．学园，2023，16（28）：80-82．

[15]周海玲．全面质量管理理论背景下高校教学质量管理路径分析[J]．现代职业教育，2023（27）：177-180．

[16]陈小菊．T公司食品检测实验室质量控制的改进研究[D]．长春：吉林大学，2023．

[17]冯莉，李鑫，霍焱．高校教学质量管理信息化平台构建[J]．沈阳大学学报（社会科学版），2023，25（4）：57-63．

[18]张丽丽．学生角色在高校教学质量管理中的价值定位及塑造策略[J]．绥化学院学报，2023，43（8）：125-127．

[19]钟海玲，李善晓，张正文．基于全面质量管理理念的高职院校思想政治教育质量提升路径探索：以广西工业职业技术学院为例[J]．广西教育，2023（21）：61-65．

[20]苗雨琦，王怀诗．西北高校"双创教育"质量评价与对策：基于兰州大学的数据分析[J]．甘肃教育，2023（13）：38-43．

[21]赖文婷．基于全面质量管理的内部审计质量评价研究[D]．兰州：兰州财经大学，2023．

[22]李蓓蕾．全面质量管理视角下X会计师事务所审计质量控制研究[D]．兰州：兰州财经大学，2023．

[23]王俊．Q电脑公司全面质量管理优化研究[D]．重庆：重庆工商大学，2023．

[24]邓丰．化工企业全面质量管理水平评价研究[D]．南昌：南昌大学，2023．

[25]张伊园．G医疗科技公司全面质量管理优化研究[D]．重庆：重庆工商大学，2023．

[26]杜玮．LNYY公司全面质量管理优化研究[D]．淄博：山东理工大学，2023．

[27]郭振有，陈志伟．贯彻落实党的二十大精神，推进全面质量管理实现教育高

质量发展[J].中国质量，2023(5)：7-8.

[28]景蓓蓓.T药品研发公司全面质量管理问题及优化策略研究[D].开封：河南大学，2022.

[29]侯俊东，牛烨荧，滕笑丽.三融合背景下行业特色高校工商管理专业教学质量标准体系构建[J].创新创业理论研究与实践，2022，5(22)：93-95.

[30]张梅菊，郭新坤，谢锦龙等.公共管理类课程实践教学质量提升策略研究：以福建省某应用型本科高校为例[J].职业教育，2022，21(21)：42-45.

[31]陈柯宏.基于全面质量管理PDCA循环法的培训项目质量提升研究[D].大连：东北财经大学，2022.

[32]王伟.基于音视频数据的高校教学质量评价及管理系统研究[D].北京：北京交通大学，2022.

[33]徐晓娟.高质量发展背景下图书全面质量管理研究[D].北京：北京邮电大学，2022.

[34]汤斯月.医疗J公司全面质量管理优化研究[D].长沙：中南大学，2022.

[35]高思明.HQ公司华能电改项目质量管理研究[D].哈尔滨：哈尔滨理工大学，2022.

[36]洪政.建筑工程施工阶段全面质量管理研究[D].合肥：安徽大学，2022.

[37]龚欣，曲海滢.高质量学前教育体系：基本构成、主要特征及建设路径[J].现代教育管理，2021(11)：34-42.

[38]孙姵.全面质量管理理论在高等教育质量管理中的应用[J].教育信息化论坛，2021(11)：59-60.

[39]向沅，张国强，刘政轩等.全面质量管理(TQM)在新工科教育中应用的路径研究[J].工程管理年刊，2021，10(Z1)：207-213.

[40]成兆英，李芸昕.高校研究生全面质量管理培养模式探索：以翻译硕士研究生培养为例[J].湖南工业职业技术学院学报，2021，21(4)：52-56.

[41]高潮，李昕潞.高校基层学生党组织党课管理规范化研究：基于全面质量管理的视角[J].教育教学论坛，2021(32)：18-21.

[42]王晓亚，赵辉，李素梅.全面质量管理在独立设置成人高校教学质量评价体系中的应用探究[J].才智，2021(18)：77-80.

［43］许日才．全面质量管理视角下高等学历继续教育质量内部保障体系建设［J］．中国成人教育，2021（10）：13-16．

［44］鲍雪．基于 ISO 9000 族标准的 H 高校研究生全面质量管理体系构建［D］．石家庄：河北科技大学，2021．

［45］任大玲．全面质量管理视域下中外合作办学内部质量保障体系构建［J］．重庆第二师范学院学报，2020，33（6）：98-102．